व्यावसायिक हिन्दी

व्यावसायिक हिन्दी

डॉ. प्रेमचन्द पातंजलि

वाणी प्रकाशन

वाणी प्रकाशन

4695, 21-ए, दरियागंज, नयी दिल्ली 110 002

फ़ोन : +91 11 23273167 फ़ैक्स : +91 11 23275710

शाखाएँ

अशोक राजपथ, पटना 800 004, बिहार

कॉफ़ी हाउस कैम्पस, महात्मा गांधी मार्ग, इलाहाबाद 211 001, उत्तर प्रदेश

महात्मा गांधी अन्तरराष्ट्रीय हिन्दी विश्वविद्यालय, वर्धा 442 001, महाराष्ट्र

सुल्तानिया रोड, मोतिया पार्क, भोपाल 462 001, मध्य प्रदेश

www.vaniprakashan.com
marketing@vaniprakashan.in
sales@vaniprakashan.in

VYAVSAYIK HINDI
by Dr. Premchand Patanjali

ISBN : 978-81-7055-506-3
Linguistics

प्रथम संस्करण 1997
द्वितीय संस्करण 2021

मूल्य : ₹ 395

सिटी प्रेस, दिल्ली-110 095 में मुद्रित

वाणी प्रकाशन का लोगो मक़बूल फ़िदा हुसेन की कूची से

भूमिका

प्रस्तुत पुस्तक 'व्यावसायिक हिन्दी' के लेखक डॉ. प्रेमचंद पातंजलि दिल्ली विश्वविद्यालय के अन्तर्गत डॉ. भीमराव अम्बेडकर महाविद्यालय के प्राचार्य (प्रिंसिपल) हैं। वे हिन्दी भाषा और हिन्दी साहित्य के विद्वान हैं और दिल्ली विश्वविद्यालय में पिछले कई वर्षों से हिन्दी भाषा और हिन्दी साहित्य के क्षेत्र में अध्यापन का कार्य कर चुके हैं। डॉ. पातंजलि की इस पुस्तक में हिन्दी भाषा के उद्‌भव, विकास और संरचना के बारे में उल्लेखनीय जानकारी दी गई है। संविधान में हिन्दी, बैंकों में हिन्दी का प्रयोग, व्यावसायिक पत्र-लेखन, पारिभाषिक शब्दावली आदि विषयों पर भी उन्होंने ज्ञानवर्धक सामग्री संकलित की है। मेरा अभिमत है कि 'प्रयोजनमूलक हिन्दी' के क्षेत्र में यह एक महत्त्वपूर्ण पुस्तक है जो इस विषय के विद्यार्थियों और पाठकों के लिए उपयोगी सिद्ध होगी। पुस्तक की भाषा-शैली सरल, सहज और पठनीय है। मुझे आशा है कि इस पुस्तक का हिन्दी जगत् में स्वागत होगा। ऐसी पुस्तकों के प्रकाशन से व्यावहारिक हिन्दी के विकास का मार्ग प्रशस्त होता है। हिन्दी में ऐसी पुस्तकों का अभाव भी है और इसे देखते हुए इस पुस्तक का महत्त्व असंदिग्ध है।

राज कुमार सैनी

दिनांक : 27.6.96

अपनी बात

निकट भविष्य में भारत अपनी स्वतंत्रता की स्वर्ण जयन्ती मनाने जा रहा है। स्वतंत्रता के साथ ही यह संकल्प किया गया था कि हमारी अपनी एक भाषा होगी, एक ध्वज, एक राष्ट्रीय गान होगा। इन सबका लक्ष्य था -- राष्ट्र को एकसूत्रता में बांधना। भारत बहुभाषी देश होते हुए भी इतना बड़ा लोकतन्त्र है। इसकी अपनी कोई एक भाषा न हो, यह तो विडम्बना ही है या फिर देश का दुर्भाग्य। संसार के छोटे-छोटे राष्ट्रों की भी अपनी भाषा है। केवल भारत ही एक ऐसा राष्ट्र है जिसके राजनेता और अधिकारी राष्ट्रीय-अन्तर्राष्ट्रीय मंचों पर अंग्रेजी का प्रयोग करने में लज्जा का अनुभव करने की अपेक्षा स्वयं को गौरवान्वित महसूस करते हैं। इस स्थिति के लिए जिम्मेदार कौन है-- सरकार, जनता का शिक्षित वर्ग या हिन्दी के कर्णधार ! क्या कारण है कि जो भाषा देश की सम्पर्क भाषा है, सामाजिक, सांस्कृतिक जीवन में जिसकी महत्त्वपूर्ण भूमिका है--वही भाषा एक विदेशी भाषा से अपने अस्तित्व-रक्षा के लिए संघर्ष कर रही है ! निश्चित रूप से हिन्दी की इस दुर्गति के लिए राजनीतिक वर्ग प्रत्यक्ष तौर से जिम्मेदार है। हिन्दी को प्रतिष्ठित करने, उसे सरकारी व्यवहार की भाषा बनाने की उसकी कोई इच्छा नहीं है।

शिक्षा के क्षेत्र में स्वाधीनता के पश्चात् से ही हिन्दी के नाम पर हिन्दी साहित्य का अध्ययन-अध्यापन होता रहा। कहीं-कहीं छुट-पुट भाषा आदि का ज्ञान और भाषा-विज्ञान तक ही हिन्दी सीमित रही। विकसित होते हुए भारत की आशाओं-आकांक्षाओं व आवश्यकताओं के अपुरूप न तो पाठ्यक्रमों में ही परिवर्तन हो पाया और न ही शिक्षण-विधि को बदलने की ओर ध्यान दिया गया। आजादी के लगभग पचास वर्षों में देश ने उद्योग और ज्ञान-विज्ञान के क्षेत्रों में निरंतर नये क्षितिजों की खोज की है। यह तो ठीक है कि देश की बहुसंख्यक जनता की भाषा हिन्दी है और वह दैनिक व्यवहार में इसका प्रयोग

करती है। लेकिन दिन-प्रतिदिन बदलते हुए परिवेश में हम केवल बोलचाल, सम्प्रेषण पठन-पाठन के माध्यम, साहित्य सृजन और अध्ययन तक हिन्दी का प्रयोग करके सतुंष्ट नहीं हो सकते। अपितु हमें उसे प्रत्येक क्षेत्र के कामकाज की भाषा बनाना होगा। यदि हम हिन्दी को जन-जीवन की सम्पर्क-भापा के अतिरिक्त प्रशासन, व्यवसाय, ज्ञान-विज्ञान और संचार-माध्यमों की भाषा के रूप में समर्थ नहीं बना सके तो हिन्दी पीछे रह जाएगी और देश आगे चला जाएगा।

आज हिन्दी भाषा को समर्थ, सशक्त और प्रभावी बनाने के लिए प्रशासन और संचार माध्यमों के साथ-साथ व्यावसायिक क्षेत्र में प्रतिष्ठित करना अत्यन्त अनिवार्य हो गया है। निजीकरण, उदारीकरण और भू-मंडलीकरण (ग्लोबलाइजेशन) के इस दौर में हिन्दी के सामने अत्यन्त कठिन चुनौती है। ऐसी स्थिति में हिन्दी के प्रयोजनपरक रूप का महत्त्व और भी बढ़ जाता है। प्रतिस्पर्धा के इस युग में यदि हिन्दी अपने प्रयोजनमूलक और व्यावहारिक-व्यावसायिक स्वरूप की सार्थकता सिद्ध कर पाती है तो उसके प्रयोग-क्षेत्र में वृद्धि होने की अनन्त सभावनाएं हैं। वस्तुतः यह हिन्दी के लिए एक चुनौती का कार्य है। इस चुनौती का हम सफलतापूर्वक सामना तभी कर सकते हैं जब अंग्रेजी की बैसाखी हटाकर हिन्दी पूर्णयता अपने पैरों पर खड़ी हो। युग की गति के साथ कदम से कदम मिलाकर चलने की क्षमता उसमें हो। निःसन्देह हिन्दी इस कार्य को बखूबी कर सकती है यदि उसके व्यावहारिक प्रयोजनमूलक रूप को अपनाया जाए। पिछले कुछ दशकों से हिन्दी के विद्वानों ने इस सम्बन्ध में अपनी चिन्ता प्रकट की है। जिसके परिणामस्वरूप विश्वविद्यालय अनुदान आयोग ने उच्च शिक्षा के क्षेत्र में हिन्दी में नये रूपों को विकसित करने का प्रयास किया है। इस प्रयास में हिन्दी को ज्ञान-विज्ञान और तकनीकी क्षेत्र के साथ-साथ आधुनिकतम संचार माध्यमों के प्रयोग के लिए तैयार किया गया है।

हिन्दी के प्रयोजनमूलक और व्यावहारिक रूपों पर पिछले कई वर्षों में अनेक पुस्तकें प्रकाशित हुई हैं किन्तु उच्च शिक्षा के पाठ्यक्रमों में निर्धारित विषयों की मांग समुचित रूप से पूरी नहीं हो पायी। इसी बात को ध्यान में रख कर इस पुस्तक का निर्माण किया गया है क्योंकि हिन्दी में व्यावहारिक प्रयोजनपरक रूप की महत्ता रोजगार की दृष्टि से भी है। एक ओर जहां हिन्दी की स्नातकोत्तर उपाधियां प्राप्त करके बेरोजगार घूम रहे हैं वहाँ दूसरी ओर, विभिन्न मत्रांलयों, सरकारी विभागों एवं सार्वजनिक उपक्रमों में हिन्दी अधिकारी, हिन्दी सहायक, हिन्दी अनुवादक तथा हिन्दी आशुलिपिक के हजारों पद इसलिए रिक्त पड़े हैं कि इन पदों के योग्य शिक्षित/प्रशिक्षित उम्मीदवार उपलब्ध नहीं होते। इस अन्तराल को पार कर, मांग और पूर्ति में सन्तुलन स्थापित करने के

लिए स्नातक और स्नातकोत्तर स्तर पर ऐसी प्रयोजनमूलक हिन्दी का ज्ञान छात्रों को दिया जाए, शिक्षा के उपरान्त जिसका सम्बन्ध सीधा रोजगार से जुड़ सके। इस उद्देश्य की पूर्ति की दिशा में 'व्यावसायिक हिन्दी' नामक यह पुस्तक एक विनम्र प्रयास है। आशा है कि उच्च शिक्षा प्राप्त करने वाले छात्रों को इसका कुछ लाभ प्राप्त हो सकेगा।

इस पुस्तक की पांडुलिपि तैयार करने में मेरे स्नेहपात्र श्री विजेन्द्र कुमार ने काफी परिश्रम किया है। इनका मैं अभारी हूं। पुस्तक के प्रकाशक ने बहुत कम समय में इसे प्रकाशित करके जहां मेरी मदद की वहां ठीक समय पर पुस्तक पाठकों तक पहुंचाने का श्रेय भी उन्हीं को है। श्री अरुण महेश्वरी इस कार्य कुशलता के लिए बधाई और धन्यवाद के पात्र हैं।

डॉ. प्रेमचंद पातंजलि

व्यावसायिक हिन्दी

विषय-सूची

1

हिन्दी भाषा का उद्‍भव एवं विकास

'हिन्दी' शब्द की उत्पत्ति फारसी भाषा की देन है। फारसी में उच्चारण के समय 'स' का 'ह' और 'द' का 'ध' हो जाता है। स्पष्ट है कि 'हिन्दी' शब्द 'सिन्ध' से निकला है। देश के उत्तर-पश्चिमी भाग में बसा सिन्ध प्रदेश विदेशी आक्रमणकारियों का प्रवेश द्वार रहा है। किसी भी आक्रमणकारी का सर्वप्रथम परिचय इसी प्रदेश से होता रहा। इसी सिन्ध का फारसी में अपनी उच्चारणगत विशेषता के कारण हिन्द हुआ और इस भू-भाग में रहने वालों की भाषा हिन्दी कहलाई। यह हिन्दी का शब्दपरक अर्थ हुआ। व्यावहारिक और साहित्यिक दृष्टि से हिन्दी उस बड़े भू-भाग की भाषा है जो पश्चिम में जैसलमेर, उत्तर पश्चिम में अम्बाला, उत्तर में शिमला से लेकर नेपाल के पूर्वी छोर तक, पूर्व में भागलपुर, दक्षिण पूर्व में रामपुर तथा दक्षिण-पश्चिम में खंडवा तक विस्तृत क्षेत्र में फैली हुई है। इस क्षेत्र का जनसमुदाय परस्पर बोलचाल, शिक्षा, साहित्य, पत्र-पत्रिकाओं में इसका प्रयोग करता है लेकिन साथ ही इन प्रदेशों में भिन्न-भिन्न बोलियों का अस्तित्व भी समानान्तर विद्यमान है। इसी कारण भाषा वैज्ञानिक हिन्दी के इस व्यापक व्यावहारिक और साहित्यिक अर्थ को स्वीकार नहीं करते। उनके अनुसार हिन्दी से तात्पर्य पश्चिमी हिन्दी से है जो शौरसेनी अपभ्रंश से निकली है और ब्रज, कन्नौजी, बुंदेली, बांगरू, एवं खड़ी बोली जिसकी प्रमुख विभाषाएं हैं। वर्तमान सन्दर्भ में हिन्दी भाषा से तात्पर्य खड़ी बोली हिन्दी से है। वस्तुतः खड़ी बोली हिन्दी आज प्रत्येक क्षेत्र में प्रयुक्त हो रही है। बोलचाल, साहित्य, शिक्षा पत्र-पत्रिका, प्रशासन आदि का माध्यम खड़ी बोली हिन्दी ही है। खड़ी बोली हिन्दी के उद्‍भव एवं विकास की प्रक्रिया को तीन चरणों में विभाजित किया जा सकता है:

(क) प्राचीन भारतीय आर्य भाषा काल (1500 ई. पू. से 500 ई. पू. तक)

(ख) मध्यकालीन भारतीय आर्य भाषा काल (500 ई. पू. से 1000 ई. तक)

(ग) आधुनिक भारतीय आर्यभाषा काल (1000 ई. से वर्तमान समय तक)

(क) प्राचीन भारतीय आर्य भाषा काल (1500 ई.पू. से 500 ई.पू.)

ऋग्वेद संहिता में प्राचीन भारतीय आर्य भाषा का रूप मिलता है जिसे संस्कृत का नाम दिया गया। वर्तमान हिन्दी अपने शब्द-भण्डार की दृष्टि से बहुत कुछ इसी संस्कृत भाषा पर निर्भर है। आर्यों के देश के विभिन्न हिस्सों में फैलने से उनमें भाषा-गत भेद भी उत्पन्न हुआ। आर्य-अनार्य संघर्ष से भी भाषा परिवर्तन हुआ। वैदिक युग समाप्त होते-होते बोलचाल में प्रयुक्त कई भाषा-रूप प्रचलन में थे। उदीच्य, मध्यदेशीय प्राच्य तीन इनमें प्रमुख थे। उदीच्य अन्य रूपों की अपेक्षा अधिक शुद्ध थी। साहित्य, धर्म, दर्शन आदि में इसी का प्रयोग किया जाता था। मध्यदेशीय में आर्य-अनार्य मिश्रण हो गया था। प्राच्य इन दोनों भाषा रूपों की अपेक्षा अधिक अशुद्ध मानी गयो थी।

ब्राह्मण काल की संस्कृत अपने पूर्ववर्ती वैदिक मंत्रों की भाषा से भिन्न है। यह कुछ-कुछ लौकिक संस्कृत से मिलती है। इसके उपरात्त उपनिषद् काल में भाषागत सरलता पर विशेष जोर दिया गया। संस्कृत को व्यवस्थित करने के प्रयास होने लगे। पाणिनि की 'अष्टाध्यायी' इस दिशा में महत्त्वपूर्ण कदम था। पाणिनि नें संस्कृत का सम्पूर्ण वैज्ञानिक व्याकरण लिखा और उसके शब्दानुशासन के कठोर नियम निर्धारित किए। इसका एक दुष्परिणाम यह हुआ कि संस्कृत का बोलचाल में प्रयोग कम हो गया।

(ख) मध्यकालीन भारतीय आर्य भाषा (500 ई. पू. से 1000 ई. तक)

संस्कृत के प्रयोग के कठोर नियमों ने सामान्य जनता में इसके प्रचार-प्रसार में अवरोध उत्पन्न किया। इसकी प्रतिक्रिया स्वरूप जनभाषाओं का उभरना स्वाभाविक था। जटिल एवं दुरूह संस्कृत की अपेक्षा सरल-सहज जनभाषा जनसामान्य की प्रकृति के अनुकूल भी थी। ये जनभाषाएँ प्रामाणिक रूप से 500 ई. पूर्व प्रकाश में आई। किन्तु इनका अस्तित्व पहले से ही विद्यमान था। संस्कृत के अत्यधिक प्रयोग ने इनके अस्तित्व को दबा-सा रखा था। इनके अस्तित्व को उभारने और उसको प्रतिष्ठा दिलाने का कार्य बुद्ध और महावीर ने सम्पन्न किया। इन दोनों महात्माओं ने जनभाषाओं में उपदेश दिए। इससे जन भाषा को प्रतिष्ठा एवं महत्व मिला। मध्यकालीन आर्यभाषा के इस काल में पालि, प्राकृत और अपभ्रंश प्रमुख भाषाएं थीं। सुविधा की दृष्टि से इनको तीन चरणों में विभाजित किया जा सकता है।

(क) प्रारम्भिक काल

(ख) मध्यकाल

(ग) उत्तर काल

मध्यकालीन भारतीय आर्यभाषा के प्रारम्भिक 500 वर्षों का इतिहास पालि और प्राकृत का इतिहास है। पालि बौद्ध धर्म के प्रचार-प्रसार की मुख्य भाषा थी। इसके मूल स्थान के सम्वन्ध में विद्वानों में प्रायः मतभेद है। ग्रियर्सन के अनुसार पालि मगध प्रदेश की जनभाषा थी। अन्य विद्वान् इसका सम्वन्ध कोसल, कलिंग, विन्ध्य प्रदेश तथा उज्जैन से जोड़ते हैं। पालि में एक सामान्य विशेषता प्रमुख रूप से दिखाई देती है। वह है—इसमें विभिन्न बोलियों के शब्दों का प्रयोग। इससे स्पष्ट होता है कि पालि का सम्वन्ध किसी प्रदेश विशेप से न होकर विभिन्न प्रदेशों से था। इसी कारण पालि में कई बोलियों का मिश्रण मिलता है। शौरसेनी, पैशाची, मागधी आदि के रूप इसमें विद्यमान हैं। इस मिश्रण का एक मुख्य कारण यह था कि पालि बौद्ध धर्म की भाषा थी। धर्म के प्रसार-प्रचार के लिए इसका प्रयोग किया गया। जहां-जहां बौद्ध धर्म फैला वहां-वहां की जनभाषाओं को पालि ने प्रभावित किया और उनसे प्रभावित हुई।

प्रारम्भिक प्राकृत का रूप अशोक के शिलालेखों में मिलता है। ये लेख देश के विभिन्न भागों में वहां की जनभाषाओं में खुदवाए गए। प्राकृत का तात्पर्य प्रकृत एवं सहजभाषा से था। यह प्रकृत और सहजभाषा जनभाषा थी। भिन्न-भिन्न प्रदेशों में इसके भिन्न-भिन्न रूप प्रचलित थे। यही कारण है कि अशोककालीन प्राकृत का कोई एक निश्चित एवं व्यवस्थित रूप नहीं था वरन् वह उस समय प्रचलित अनेक बोलियों का समूह मात्र थी। अशोक कालीन शिलालेखों की भाषा कुछ-कुछ संस्कृत से प्रभावित है। इससे स्पष्ट होता है कि संस्कृत जो बुद्ध एवं महावीर के समय महत्वहीन हो गयी थी, शनैः-शनैः पुनः महत्व प्राप्त कर रही थी।

ई. सन् के आरम्भ से लेकर 500 ई. तक का समय मध्यकालीन भारतीय आर्य भाषा का मध्यकाल है। प्राकृतों ने इस समय साहित्यिक रूप प्राप्त कर लिया था। प्राकृतों के साहित्यिक रूप ग्रहण करने पर इनके व्याकरण निर्धारण की ओर भी ध्यान दिया गया। इस सम्बन्ध में वररुचि ने 'प्राकृत प्रकाश' में प्राकृत के चार भेद बताए और उनकी भिन्न-भिन्न व्याकरणिक विशेपताओं का उल्लेख किया। प्राकृतों के व्याकरण-निर्धारण की यह परम्परा आगे भी चलती रही इस परम्परा में आगे चलकर हेमचन्द्र प्रमुख वैयाकरणिक हुए। प्रदेश को आधार बनाकर प्राकृतों के पाँच भेद सामान्यतः स्वीकार किए गए। शौरसेनी, महाराष्ट्री, मागधी, अर्द्धमागधी तथा पैशाची।

शूरसेन अर्थात् मथुरा के आसपास की जनभाषा शौरसेनी कहलाई। यह प्रदेश मध्यदेश के नाम से भी जाना जाता था। महाराष्ट्री प्राकृत को प्राचीन व्याकरण प्रमुख प्राकृत मानते थे। हाल की 'गाहा सतसई' जैसी उत्कृष्ट रचना इसी प्राकृत में लिखी गयी। मागधी का सम्बन्ध मगध प्रदेश से था। शौरसेनी का प्रभाव भी इस पर दिखाई देता है। मागधी प्राकृत का प्रयोग संस्कृत नाटकों में निम्न श्रेणी

के पात्र करते दिखाई देते हैं। इससे स्पष्ट होता है कि जन सामान्य में यह भाषा प्रचलन में थी। अर्द्धमागधी कोसल प्रदेश में बोली जाती थी। अर्द्धमागधी का घनिष्ठ सम्बन्ध मागधी प्राकृत से था। महाराष्ट्री और शौरसेनी का प्रभाव भी इस पर यथेष्ट है। अधिकांश जैन शास्त्रों एवं साहित्यिक रचनाएँ इस भाषा में लिखे गए। पैशाची के साहित्यिक प्रमाण उपलब्ध नहीं हैं।

पालि की अगली कड़ी प्राकृत भाषा में ध्वनि की दृष्टि से पालि से बहुत अधिक भेद नही है। शौरसेनी प्राकृत पालि से बहुत मिलती-जुलती है। प्राकृतों में पालि से भिन्न न होने का मुख्य कारण यह भी था कि पालि से ही इन प्राकृतों ने स्रोत सामग्री ग्रहण की थी। प्राकृतों में कुछ सामान्य विशेषताएँ थीं। सर्वप्रथम इनमें संयुक्त व्यंजनों का प्रयोग कम होने लगा। दूसरे द्विवचन लुप्त हो गया और कारकों की संख्या भी पूर्व की अपेक्षा कम हो गयी थी। व्यजनांत शब्दों का प्रयोग बन्द हो गया। रूप रचना सम्बन्धी जटिलता में भी कमी आयी। धातु रूप स्वरान्त हो गए।

अपभ्रंश : मध्यकालीन भारतीय आर्यभाषा में 500 ई. से 1000-1100 तक का समय अपभ्रंश भाषा का समय है। जिस प्रकार प्राकृत से तात्पर्य स्वाभाविक संस्कृत के 'वाचस्पत्य कोश' में सर्वप्रथम अपभ्रंश का अर्थ 'ग्राम्य भाषा' मिलता है। भरत मुनि ने नाट्य शास्त्र में इसे आभीरों की भाषा कहा। भाषा के अर्थ में सर्वप्रथम भामह ने 7वीं शती में इसका प्रयोग किया। कालिदास के नाटकों में इसका प्रयोग छिट-पुट रूप में हुआ। इससे स्पष्ट होता है कि छठी-सातवीं शती तक अपभ्रंश भाषा का स्वरूप कुछ-कुछ निश्चित हो चुका था। 'कुवलयमाला-कहा' से पता चलता है कि 8वीं शती में अनेक देशी भाषाएं प्रचलन में थी। संस्कृत के साथ-साथ प्राकृत व अपभ्रंश में भी रचनाएँ हो रही थीं। समय प्रवाह के साथ 11वीं शती तक अपभ्रंश लोकभाषा के रूप में पूर्णतः स्थापित हो गयी थी। 12वीं सदी में हेमचन्द्र ने उसमें व्याकरण की रचना कर अपभ्रंश और ग्राम्य भाषा में भेद दिखाया। अपभ्रंश को व्याकरण के नियमों में बांधने के परिणामस्वरूप नयी भाषाओं को पनपने का रास्ता मिला। ये नयी भाषाएँ आधुनिक भारतीय आर्यभाषाएँ थीं।

अपभ्रंश के भेदों में शौरसेनी अपभ्रंश प्रमुख थी। इसी को बाद में नागर अपभ्रंश कहा गया। यह अपभ्रंश सम्पूर्ण उत्तर भारत में व्याप्त थी और इसी का प्रयोग सर्वाधिक किया जाता था। इसके अतिरिक्त उपनागर, ब्राचड़ दो अन्य अपभ्रंश के प्रमुख भेद हैं। स्थान भेद की दृष्टि से पांचाली, वैदर्भी, कैकय, गौड़ी आदि इसके भेद किए गए हैं।

(ग) आधुनिक भारतीय आर्यभाषा काल (1000 ई. से वर्तमान समय तक)

अपभ्रंश के साहित्यिक रूप को जब हेमचन्द्र ने व्याकरण में बांधा तो उस समय

प्रचलित जनभाषाओं को पनपने का अवसर मिल गया। 1000 ई. के आसपास प्रकाश में आयी ये भाषाएं साहित्यिक क्षेत्र में अपनी पहचान वनाने लगीं। ये भाषाएँ ही आधुनिक भारतीय भाषाएँ कहलाईं। खड़ी वोली हिन्दी के बीज भी इसी काल में पनपे। सिद्धों, नाथों, योगियों में हिन्दी का प्रारम्भिक रूप विद्यमान है।

प्रारम्भिक हिन्दी : (पुरानी हिन्दी) पुरानी हिन्दी के उत्थान का यह समय राजनीतिक दृष्टि से अस्थिर था। देश में एक केन्द्रीय सत्ता का अभाव था। सम्पूर्ण राष्ट्र छोटे-छोटे राज्यों में बंटा हुआ था। ऐसी स्थिति में किसी भी वाहरी आक्रमणकारी के लिए देश पर आक्रमण करके कब्जा करना अत्यन्त आसान था। मुसलमानों ने इस स्थिति का लाभ उठाया। छोटे-छोटे राज्यों में बंटे देश को पराजित करने में उन्हें विशेष परेशानी नहीं हुई। आक्रमणकारियों की आक्रामक नीतियों ने देश-भाषा, सभ्यता-संस्कृति को विशेष रूप से प्रभावित किया। सभ्यता-संस्कृति की रक्षा, उसको बचाने का कार्य संस्कृत के द्वारा नहीं किया जा सकता था। लोकभाषाएँ ही साहित्य का माध्यम बनीं। ये लोकभाषाएँ प्रदेशगत आधार पर विविध रूपों में विद्यमान थीं। भिन्न-भिन्न प्रदेशों के आधार पर इनके रूप निर्मित हुए थे। खड़ी बोली हिन्दी का प्रारिम्भक रूप पुरानी हिन्दी में विद्यमान था। इससे पूर्व भी नाथ, सिद्ध एवं योगियों की वाणियों में दिखाई देता है। 10वीं से 15वीं शती विभिन्न भाषाओं का सक्रान्ति काल है जिसमें एक ओर अपभ्रंश आदि स्थापित भाषाओं का क्षय हो रहा था दूसरी ओर, लोकभाषाएँ व्रज, अवधी, खड़ी बोली हिन्दी आदि के बीज प्रस्फुटित हो रहे थे। आचार्य शुक्ल के अनुसार 'पश्चिम के जैन लोगों और पूरब में बज्रयानों की अपभ्रंश की रचनाओं में जहां-तहां हिन्दी झलकने लगी।' कई इतिहासकारों की मान्यता है कि 7वीं सदी के पुष्य नामक कवि हिन्दी के प्रथम कवि हैं लेकिन उनकी रचनाएँ उपलब्ध नहीं है। अन्त में कहा जा सकता है कि हिन्दी का प्रारम्भिक समय 1000 ई. के आसपास का ही समय है।

हेमचन्द्र से लेकर चन्दवरदायी के बीच का समय हिन्दी भाषा के स्वरूप के निश्चित होने का समय है। इसके पश्चात् तुलसीदास, सूरदास, आदि की रचनाओं में हिन्दी का बढ़ा हुआ रूप दिखाई देता है। इसके पश्चात् 18वीं, तथा उन्नीसवीं सदी का समय हिन्दी भाषा के स्थापित होने के संघर्ष का काल है। 20वीं सदी हिन्दी भाषा की स्थापना एवं प्रतिष्ठा का युग है। हिन्दी भाषा की विकास यात्रा को तीन चरणों में बाँटा जा सकता है।

(क) प्राचीन काल (1000 ई. से 1500 ई. तक)
(ख) मध्य काल (1500 ई. से 1800 ई. तक)
(ग) आधुनिक काल (1800 ई. से वर्तमान समय तक)

(क) प्राचीन काल : दसवीं सदी से पूर्व हिन्दी भाषा का उल्लेख तो मिलता है लेकिन उसका प्रमाण नहीं मिलता। हिन्दी की प्रथम रचना के रूप में प्रायः

चंदवरदायी रचित 'पृथ्वीराज रासो' का नाम लिया जाता है। परन्तु इसकी प्रामाणिकता एवं भाषा विवादास्पद है। वस्तुतः जिस समय हिन्दी भाषा का इतिहास शुरू होता है उस समय हिन्दी प्रदेश तीन भागों में बंटा हुआ था। दिल्ली अजमेर में चौहान, कन्नौज में राठौर तथा महोबा में परमार वंश का साम्राज्य था। इनके संरक्षण में हिन्दी पनपने लगी थी। 13वीं सदी तक आते-आते यह हिन्दी प्रदेश मुसलमानों के अधिकार में चला गया। मुस्लिम शासकों ने हिन्दी भाषा की उन्नति में कोई दिलचस्पी नहीं दिखाई। लेकिन हिन्दी छिट-पुट रूप में साहित्य में प्रयुक्त हो रही थी। अमीर खुसरो इस समय के महत्वपूर्ण कवि थे। उन्होंने मनोरंजन के लिए मुकरियाँ लिखीं जिसमें हिन्दी भाषा का प्रयोग हुआ। उन्होंने हिन्दी भाषा के प्रयोग को बहुत हल्के ढंग से केवल मनोरंजन की भाषा के लिए प्रयुक्त किया। लेकिन इससे हिन्दी भाषा की शुरुआत को बल मिला।

अमीर खुसरो की हिन्दी भाषा का एक उदाहरण द्रष्टव्य है।

श्याम बरन की एक है नारी
माथे ऊपर लागे प्यारी
याका अरथ जो कोई खोलै
कुत्ते की वह बोली बोलै।

इस काल में चले धार्मिक आन्दोलनों के कारण मिश्रित भाषा को बल मिला। रामानन्द, गोरखनाथ, कबीर आदि की भाषा में अनेक भाषाओं के शब्दों का मिश्रण हैं। चारण काव्यों में भी हिन्दी का कोई निश्चित स्वरूप उभरकर सामने नहीं आता। वास्तव में यह हिन्दी का शैशवकाल है। इस काल की हिन्दी बहुत कुछ अपभ्रंश से प्रभावित है। उसके अधिकांश रूप अपभ्रंश से निकले। लेकिन कुछ नये रूप भी हिन्दी में आए। अपभ्रंश में संयुक्त स्वरों का अभाव था लेकिन हिन्दी में इस काल में 'ए' और 'ओ' दो नये संयुक्त स्वर प्रयुक्त किए जाने लगे।

(ख) मध्यकाल (1500 ई. से 1800 ई. तक) : इस समय देश में एक केन्द्रीय सत्ता स्थापित हो चुकी थी। तुर्कों का स्थान मुगलों ने ले लिया था। मुगलों के राजपूतों के साथ अच्छे सम्बन्ध थे। राजपूत राजाओं की सहानुभूति हिन्दी भाषा के प्रयोग की थी। राजपूत राजा शासित राज्य में हिन्दी का प्रयोग होता था। मुगलों ने भी जनता की सहानुभूति के लिए हिन्दी की उपेक्षा करना हितकारी नहीं समझा। खड़ी बोली हिन्दी सम्पर्क भाषा के रूप में अनुकूल माहौल मिलने पर फलने-फूलने लगी। मंडियों के फैलाव व व्यापार के विकास ने हिन्दी के प्रयोग को बढ़ावा दिया। खड़ी बोली हिन्दी अब परस्पर सम्पर्क, व्यापारिक व्यवहार, शासन में प्रयुक्त होने लगी थी। प्रयोग एवं विस्तार होने से हिन्दी भाषा के स्वरूप में भी निखार आने लगा। उसकी बोलियों को विकास का मार्ग मिल गया जिसके कारण अवधी और ब्रज अपने चरम उत्कर्ष को पहुँची। शिक्षित वर्ग द्वारा बोली जाने वाली हिन्दी में

फारसी प्रभाव से क़, ख़, ग़, ज़, फ़—पाँच व्यंजन ध्वनियों का प्रवेश हुआ। इस समय लगभग 3500 फारसी, 2500 अरबी, 100 के करीब तुर्की के शब्द प्रचलन में थे। यूरोप से सम्पर्क के कारण फ्रैंच, अंग्रेजी, पुर्तगाली शब्द भी हिन्दी में प्रविष्ट हो गए।

मध्यकाल में सन्त एकनाथ, तुकाराम, कान्होबा आदि की रचनाओं में खड़ी बोली का थोड़ा बहुत रूप दिखाई देता है। समर्थ रामदास, देवदास, दयाबाई की रचनाओं में भी यत्र-तत्र खड़ी बोली का प्रयोग हुआ है। 'चंद छंद बरनन की महिमा', 'बैशाख महात्म' 'अगहन महात्म' खड़ी बोली गद्य का रूप प्रस्तुत करते हैं। वस्तुतः यह समय ब्रज और अवधी के एक छत्र साम्राज्य का युग है। कविता के क्षेत्र में ब्रज और अवधी ही प्रायः छायी हुई थी। ब्रज और अवधी को धर्म का आश्रय प्राप्त था तो खड़ी बोली सामाजिक राजनीतिक परिवेश का आश्रय पाकर धीरे-धीरे विकसित हो रही थी। 19वीं सदी से खड़ी बोली हिन्दी ने नई करवट ली।

(ग) आधुनिक काल : वास्तविक रूप में हिन्दी भाषा के स्वरूप निर्धारण एवं साहित्यिक प्रयोग का कार्य 19वीं सदी में ही हुआ। इससे पूर्व हिन्दी भाषा का जो रूप मिलता है वह अनिश्चित और अव्यवस्थित है। 19वीं सदी के प्रारम्भ में इंशा अल्ला खां सदासुखलाल ने क्रमशः 'रानी केतकी की कहानी' और सुखसागर लिखकर हिन्दी भाषा के संघर्ष का उद्घोष कर दिया था। इसी समय जॉन गिलक्राइस्ट और फोर्ट विलियम कालेज के प्रोफेसरों – सदल मिश्र और लल्लूलाल द्वारा हिन्दी का एक अन्य रूप प्रस्तुत किया जा रहा था। यह हिन्दी फारसी-मिश्रित हिन्दुस्तानी थी। गिलक्राइस्ट हिन्दी, हिन्दुस्तानी, उर्दू को पर्यायवाची शब्द मानते थे। ईस्ट इंडिया कम्पनी की भाषा नीति फारसी भाषा के प्रयोग पर बल देने की थी। गिलक्राइस्ट ने इसी मत को प्रश्रय दिया। राजा राममोहन राय ने भी भाषा में अरबी-फारसी के वर्चस्व को बनाए रखने पर बल दिया। इसके विपरीत राजा लक्ष्मणसिंह ने हिन्दी में संस्कृत शब्दों के अधिकाधिक प्रयोग पर बल दिया। कविता के क्षेत्र में इस समय ब्रज-अवधी का ही अधिकतर प्रयोग हो रहा था लेकिन खड़ी बोली हिन्दी धीरे-धीरे अपना स्थान बना रही थी। उसके प्रयोग में निखार आ रहा था। महन्त सीतलदास, सन्त ईश्वरदास, लक्ष्मीनारायण परमहंस, वेणीदत्त झा, गिरधरदास, श्री रामनिवास, तुकन गिरि, वृदांवन आदि कवि किसी न किसी रूप में खड़ी बोली हिन्दी का थोड़ा-बहुत प्रयोग कर रहे थे। हिन्दी गद्य भी दूसरी भाषा के प्रभाव से मुक्त हो रहा था। उसमें रूप विविधता और अस्थिरता से मुक्त होकर स्थिरता एवं एकरूपता आ रही थी। 1818 ई. से 1857 के बीच प्रेसों ने अनेक पाठ्य पुस्तकें व अन्य सामग्री छापी, इस सामग्री ने हिन्दी गद्य के निर्माण में महत्त्वपूर्ण भूमिका निभाई।

उन्नीसवीं सदी के प्रारम्भ में अनुवाद कार्य पर्याप्त मात्रा में हुआ। खड़ी बोली हिन्दी के प्रचार-प्रसार की दृष्टि से इसका विशेष महत्त्व है। धार्मिक पाठ्य-पुस्तकें भी इस काल में अनूदित हुईं। यद्यपि इन धार्मिक पुस्तकों का उद्देश्य धर्म परिवर्तन के निहित स्वार्थ से जुड़ा हुआ था लेकिन इससे हिन्दी के प्रयोग को बढ़ावा मिला। इस समय हुए अनुवाद और धार्मिक प्रकाशनों की भाषा में कोई व्यवस्था नहीं है। उसमें विविध बोलियों के शब्दों की भरमार है। भाषायी प्रचार-प्रसार की दृष्टि से पत्र-पत्रिकाओं ने इस समय महत्त्वपूर्ण भूमिका निभायी। 'बंगदूत', 'बनारस अखबार', 'ज्ञानदीप', 'सुधाकर', 'ज्ञान प्रदायिनी' इनमें प्रमुख थे।

भारतेन्दु युग (1867-68 ई. से 1900 ई.) खड़ी बोली हिन्दी का प्रवर्तन काल है। गद्य और पद्य दोनों ही क्षेत्रों में खड़ी बोली की स्थिति पहले से अधिक सुदृढ़ हुई। इस काल की पृष्ठभूमि में राजा राममोहन राय, विवेकानन्द और दयानन्द सरस्वती के समाज-सुधार आन्दोलन कार्य कर रहे थे। नवीन शिक्षा और तकनीक ने नई दिशाओं के मार्ग खोल दिए थे। देश में एक नया वर्ग पैदा हो रहा था। यह वर्ग था शिक्षित मध्यमवर्गीय बुद्धिजीवी। साहित्य के क्षेत्र में इस वर्ग ने महत्त्वपूर्ण भूमिका निभाई। जातीय चेतना और जातीय भाषा पर इसने विशेष बल दिया। राष्ट्रहित इनके सामने प्रमुख था। इस राष्ट्रहित की अभिव्यक्ति जातीय भाषा के माध्यम से ही हो सकती थी। इस युग के बुद्धिजीवी और साहित्यकार दोनों ने 'निजभाषा' को अपनी अभिव्यक्ति का माध्यम बनाया।

भारतेन्दु युग हिन्दी भाषा की विकास-यात्रा का महत्त्वपूर्ण पड़ाव है। गद्य और पद्य दोनों में ही हिन्दी दृढ़ता से स्थापित हो रही थी। यद्यपि पद्य में अभी भी ब्रजभाषा के प्रति कवियों का थोड़ा-बहुत मोह बरकरार था। इस मोह को परम्परावादी कवि पूरी तरह निभा रहे थे लेकिन आधुनिक-बोध और जन-चेतना को समझनेवाले कवि निस्संकोच हिन्दी का प्रयोग करने लगे थे। स्वयं भारतेन्दु की मुकरियों में अंग्रेजी शब्दों का प्रयोग उनकी समसामयिकता का ही बोध कराता है। ब्रजभाषा की तुलना में हिन्दी का प्रयोग इस समय यद्यपि श्रमसाध्य था और उसमें रचना करने में समय भी अधिक लगता था। लेकिन भारतेन्दु युगीन कवियों ने इस चुनौती को स्वीकार किया और हिन्दी में रचना करने का शुभारम्भ किया। स्वप्न, हिन्द में सतयुग की सभा, दशरथ-विलाप आदि रचनाओं में खड़ी बोली हिन्दी का प्रारम्भिक स्वरूप सामने आया। 'हरमिट' 'योगी' के रूप में सामने आया। पद्य की अपेक्षा भारतेन्दु युग का गद्य अधिकांश हिन्दी में लिखा गया। भाषा का पहला नाटक 'गिरधरलाल' यानि बाबू गोपालचन्द ने लिखा। 'नहुष' नाम से लिखे गए इस नाटक के पश्चात् नाटकों की बाढ़-सी आ गयी। सभी नाटकों की भाषा खड़ी बोली हिन्दी ही थी। अनुवाद होकर भी नाटक हिन्दी में आए। इससे हिन्दी के स्वरूप को व्यवस्थित करने में पर्याप्त सहायता मिली, राजा लक्ष्मणसिंह ने

'शकुन्तला' का हिन्दी अनुवाद प्रस्तुत करके इस परम्परा की नींव रखी। तिलस्मी, एय्यारी और जासूसी उपन्यास लेखन से खड़ी बोली हिन्दी के प्रचार-प्रसार का कार्य तेजी से आगे बढ़ा। इन उपन्यासों को इतनी लोकप्रियता मिली कि अनेकों अहिन्दी भाषा-भाषियों को हिन्दी सिर्फ इसलिए सीखनी पड़ी कि वे इन उपन्यासों को मूलभाषा में पढ़ कर उनका आनन्द उठा सकें। दूसरी भाषाओं से अनुवाद का कार्य इस युग में काफी बड़ी संख्या में हुआ। हिन्दी में अनूदित इस सामग्री ने हिन्दी को स्थायित्व प्रदान करने में महत्त्वपूर्ण भूमिका निभाई। अदालतों में भी हिन्दी का प्रयोग होने लगा। हिन्दी में शोध ग्रन्थों के लेखन पर लोगों का ध्यान गया। नागरी प्रचारिणी सभा की स्थापना इसी समय हुई।

भारतेन्दु युग के पश्चात् हिन्दी को प्रतिष्ठित करने का बीड़ा महावीर प्रसाद द्विवेदी ने उठाया। 20वीं सदी के शुरुआत में उन्होंने 'सरस्वती' पत्रिका के सम्पादक का दायित्व संभाला। इसके पश्चात् तो उन्होंने हिन्दी की सुव्यवस्थित और एकरूपता प्रदान करने के लिए आन्दोलन ही छेड़ दिया। भाषा की शुद्धता पर उन्होंने विशेष ध्यान दिया। भाषा में बहुरूपता और अशुद्धता को वे क्षम्य नहीं मानते थे। अपनी पत्रिका में प्रकाशित सामग्री को वे स्वयं शुद्ध करते थे। उन्होंने अपने आसपास ऐसी मंडली का गठन किया जो हिन्दी में लिखना चाहती थी। द्विवेदी जी इन्हें समय-समय पर प्रोत्साहित करते रहते थे। गद्य और पद्य दोनों क्षेत्रों की प्रत्येक विधा में हिन्दी का प्रयोग किया जाने लगा। अनुवाद कार्य अधिक मात्रा में होने लगा। प्रेस द्वारा प्रचार सामग्री प्रायः हिन्दी में ही प्रकाशित होने लगी।

द्विवेदी जी के लिए हिन्दी का प्रयोग एक माध्यम मात्र नहीं था वरन् एक ध्येय था जिसके माध्यम से स्वाधीनता प्राप्त करनी थी। इसलिए इस युग के साहित्य का उत्कृष्टता की दृष्टि से इतना महत्त्व नहीं; जितना हिन्दी के प्रयोग और प्रचार-प्रसार की दृष्टि से। स्वाधीनता आन्दोलन इस समय दिन-प्रतिदिन तेजी पकड़ रहा था। इसमें जनता की भागीदारी अनिवार्य थी। यह भागीदारी तभी सम्भव थी जब जनता को उसी की भाषा में आन्दोलन में आने के लिए प्रेरित किया जाता। इस युग का लेखक इस बात को अच्छी तरह समझता था। इसीलिए उसने हिन्दी जो एक सम्पर्क भाषा के रूप में प्रतिष्ठित हो चुकी थी, को अपनी अभिव्यक्ति का माध्यम बनाया। श्रीधर पाठक, रामनरेश त्रिपाठी, हरिऔध, सियारामशरण गुप्त, मैथिलीशरण गुप्त आदि लेखकों ने गद्य और पद्य दोनों में हिन्दी को अपनाया।

द्विवेदी जी ने खड़ी बोली हिन्दी को व्याकरणिक शुद्धता प्रदान की, उसके व्याकरण सम्बन्धी रूप निर्धारित किए। इससे पूर्व खड़ी बोली हिन्दी के स्वरूप में काफी अराजकता थी। द्विवेदी जी ने इसे एकरूपता प्रदान की। खड़ी बोली हिन्दी के इस नये रूप को प्रचलित और प्रतिष्ठित करने के लिए 'सरस्वती' पत्रिका का

सहारा लिया। सरस्वती के द्वारा उन्होंने ऐसे लेखकों को एक स्थान पर एकत्रित किया जो हिन्दी में लिखना चाहते थे, उसका प्रचार-प्रसार करना चाहते थे। गद्य और पद्य की भाषा एक हो चुकी थी। बीसवीं सदी के प्रारम्भ तक खड़ी बोली सम्पर्क भाषा के रूप में प्रतिष्ठित हो चुकी थी। उसका परिनिष्ठित रूप धीरे-धीरे निश्चित हो रहा था। गद्य और पद्य की भाषा समरूप होने से खड़ी बोली सर्वमान्य हो गयी थी। हिन्दी साहित्य सम्मेलन और नागरी प्रचारिणी सभा ने हिन्दी के इसी रूप को अपनाया और उसका प्रचार किया। हिन्दी परीक्षाओं के द्वारा अहिन्दी भाषी क्षेत्रों में हिन्दी के इस नवनिर्मित स्वरूप का विकास प्रारम्भ हो गया था। महावीर प्रसाद द्विवेदी ने 1905 ई. में 'भाषा और व्याकरण' नाम से एक लेख हिन्दी व्याकरण पर लिखा। इसके पश्चात् तो हिन्दी व्याकरण पर पर्याप्त मात्रा में लिखा गया। द्विवेदी जी ने अलग-अलग स्थानों पर बोली जाने वाली खड़ी बोली में एकरूपता लाने पर बल दिया।

1921 में खड़ी बोली हिन्दी का प्रथम व्यवस्थित व्याकरण कामता प्रसाद गुरु ने लिखा। हिन्दी की स्थापना में यह महत्त्वपूर्ण उपलब्धि थी। हिन्दी साहित्य के इतिहास लेखन का कार्य पहले ही प्रारम्भ हो चुका था। जॉर्ज ग्रियर्सन व मिश्र बन्धु इस कार्य को प्रारम्भ कर चुके थे। लेकिन साहित्य के इतिहास लेखन की वास्तविक शुरुआत रामचन्द्र शुक्ल ने की। कविता के क्षेत्र में प्रसाद, पन्त; निराला ने खड़ी बोली हिन्दी को अत्यन्त गरिमामय पद प्रदान कर दिया था। गद्य में प्रेमचन्द जो पहले उर्दू में लिखते थे, ने भी हिन्दी में लिखना आरम्भ कर दिया था। उर्दू में लिखे उपन्यासों को उन्होंने हिन्दी में रूपान्तरित किया। गद्य की प्रत्येक विधा में उर्दू व अन्य भाषाओं के शब्दों का प्रयोग कम होता जा रहा था। अनुवाद कार्य इस समय बहुत बढ़ गया था। इस समय अधिकांशतः अनुवाद अंग्रेजी से हिन्दी में हुआ। इससे हिन्दी के प्रसार-प्रचार को बढ़ावा मिला। प्रेस से प्रकाशित अधिकांश सामग्री हिन्दी माध्यम में ही होती थी। हिन्दी का प्रयोग प्रत्येक क्षेत्र में बढ़ता जा रहा था। राजनीति, व्यवसाय, न्यायपालिका, प्रशासन आदि में हिन्दी प्रयुक्त हो रही थी। धार्मिक प्रचार-प्रसार का कार्य भी हिन्दी में ही हो रहा था। इससे हिन्दी के प्रयोग क्षेत्र का विस्तार हो रहा था। ज्यों-ज्यों राजनीतिक आन्दोलन तीव्र हो रहा था; हिन्दी आन्दोलन की भाषा बनती जा रही थी। इसका कारण स्वाधीनता आन्दोलन का केन्द्र हिन्दी क्षेत्र का होना भी था। अब तक हिन्दी प्रत्येक प्रकार की अभिव्यक्ति में समर्थ हो चुकी थी। सम्पर्क भाषा के रूप में वह सम्पूर्ण देश में पूर्णतया प्रतिष्ठित हो चुकी थी। इसीलिए स्वतन्त्रता प्राप्ति के पश्चात् 14 सितम्बर 1949 को हिन्दी भारत की राजभाषा घोषित की गयी।

2

हिन्दी भाषा की संरचना

समाज भाषा-विज्ञान के अनुसार पहले भाषा का गठन होता है उसके पश्चात् व्याकरण का। व्याकरण के निश्चित होने से पूर्व भाषा अस्थिर, अनगढ़ एवं अव्यवस्थित होती है। व्याकरणिक संरचना ही उसे स्थिरता, शुद्धता प्रदान करके व्यवस्थित करती है। कोई भाषा कैसे लिखी और बोली जाए इसका निर्धारण व्याकरण द्वारा ही होता है। व्याकरण के अनेक घटक होते हैं जो किसी भाषा के स्वरूप को निश्चित करते हैं। संज्ञा, सर्वनाम, विशेषण, अव्यय, कारक, क्रिया, लिंग के साथ पदविन्यास, वाक्य-विन्यास, रूपिम और शब्द-समूह प्रमुख होते हैं। हिन्दी भाषा की संरचना में इन तत्त्वों की भूमिका का वर्णन अभीष्ट है।

(अ) पद-विन्यास : स्वतन्त्र शब्द जब वाक्य में प्रयुक्त होते हैं तब पद कहलाते हैं। पद पूर्णतया शब्द पर निर्भर होता है। एक से अधिक शब्द वाक्य में प्रयुक्त पद का रूप धारण कर एक इकाई रूप में सार्थक वाक्य का निर्माण करते हैं। पद निर्माण में शब्द का सम्बन्ध तत्त्व विशेष भूमिका निभाता है। योगात्मक भाषाओं में इसकी आवश्यकता और भी बढ़ जाती है क्योंकि सम्बन्ध-तत्त्व ही से काल, लिंग, पुरुष, वचन और कारक का निर्धारण होता है। हिन्दी में स्वतन्त्र शब्द तथा स्थानादि से प्रकट होने वाले सम्बन्ध-तत्त्व बहुतायत में मिलते हैं।

संरचना : हिन्दी भाषा के वाक्यों में संरचना की दृष्टि से पद के व्याकरणिक स्थान के आधार पर कई भेद होते हैं।

(क) कर्तृ स्थानीय (ख) कर्म स्थानीय (ग) पूरक स्थानीय (घ) क्रिया स्थानीय

(क) कर्तृ स्थानीय : वे पांच घोड़े चर रहे हैं। इस वाक्य में वे पांच घोड़े कर्ता होने के कारण कर्तृ स्थानीय पदबन्ध है।

(ख) कर्म स्थानीय : राम ने अच्छा खेल दिखाया। इस वाक्य में अच्छा खेल कर्म स्थानीय पदबन्ध है।

(ग) पूरक स्थानीय पदबन्ध : वह बड़ा होशियार है। वाक्य में बड़ा होशियार

पूरक स्थानीय पदवन्ध है।

(घ) **क्रिया स्थानीय पदबन्ध :** 'श्याम बड़ा चालाक दिखता है' वाक्य में 'बड़ा चालाक दिखता' क्रिया स्थानीय पदबन्ध है।

पद के कई भेद होते हैं। इनके रूप प्रायः एक जैसे न होकर परिवर्तनशील होते हैं। इस परिवर्तन का मुख्य कारण ध्वनि-परिवर्तन, नियमन, अनेक रूपों का प्रचलन व प्रभाव, अज्ञानता, बल, आवश्यकता एवं नवीनता है। पदों के भेदों में संज्ञा पद, सर्वनाम पद, विशेषण पद, क्रियापद तथा अव्यय (क्रिया विशेषण) पद प्रमुख हैं।

(आ) **रूपिम :** वाक्य भाषा की महत्त्वपूर्ण सार्थक इकाई है। वाक्य के गठन में शब्द, रूप और पद की प्रमुख भूमिका रहती है। पदों का स्वरूप स्थिर नहीं होता। उनमें परिवर्तन होता रहता है। वाक्य अथवा भाषा की लघुतम सार्थक इकाई को रूपिम कहते हैं। रूपिम भाषा की लघुतम सार्थक इकाई होती है जिसका निश्चित अर्थ होता है। जैसे राम घर जाता है। इस वाक्य में 'राम', 'घर', 'जाता', 'है' चार रूपिम हैं। प्रयोग और कार्य के आधार पर रूपिम के कई भेद होते हैं।

(क) **प्रयोग के आधार पर :** (i) मुक्त रूपिम (ii) बद्ध रूपिम (iii) मुक्तबद्ध रूपिम।

(i) **मुक्त रूपिम :** स्वतन्त्र रूप में प्रयुक्त होने वाले रूपिम मुक्त रूपिम कहलाते हैं।

(ii) **बद्ध रूपिम :** ये रूपिम स्वतन्त्र प्रयुक्त न होकर किसी न किसी से बंधकर प्रयुक्त होते हैं। जैसे

'ता' > चलता, रहता आदि।

(iii) **मुक्त बद्ध रूपिम :** ये रूपिम स्वतन्त्र भी होते हैं और बद्ध भी। अर्थात् स्वतन्त्र रूप में भी इनका प्रयोग होता है और किसी के साथ बंधकर भी। जैसे ने, में, परसर्ग संज्ञा के साथ स्वतन्त्र रूप में प्रयुक्त होते हैं। जैसे राम ने, राधा में। सर्वनाम के साथ बंधकर भी इनका प्रयोग होता है। जैसे तुमने, हममें आदि।

(ख) **कार्य के आधार पर :** कार्य और अर्थ के आधार पर रूपिम के दो प्रकार होते हैं।

(i) **अर्थ दर्शी रूपिम :** केवल अर्थ को व्यक्त करने वाले रूपिम अर्थ दर्शी रूपिम कहलाते हैं। जैसे बुरा, छोटा, जा, लम्बा, मेज आदि। ये रूपिम किसी भी भाषा के मूल आधार होते हैं।

(ii) **सम्बन्धी दर्शी रूपिम :** सम्बन्धदर्शी रूपिम का कार्य सम्बन्ध दर्शन का होता है। इनमें अर्थ की भूमिका गौण रूप में रहती है। ई, आ, इयाँ, ए आदि प्रमुख सम्बन्धदर्शी रूपिम हैं।

(इ) **वाक्य विन्यास :** भावों की अभिव्यक्ति का सशक्त माध्यम वाक्य होता

है क्योंकि यही भाषा की सार्थक इकाई है। यह अपने-आप में सम्पूर्ण होता है। वाक्य का निर्माण दो अव्ययों से होता है। जिसमें प्रथम उद्देश्य और दूसरा विधेय होता है। उद्देश्य से अभिप्राय कर्ता से होता है जिसके बारे में वाक्य में कुछ कहा जाता है। विधेय में वाक्य का बाकी हिस्सा होता है। अर्थात् कर्ता के विस्तार को छोड़कर वाक्य में जो कुछ कहा जाता है वह विधेय होता है। एक सार्थक वाक्य में निम्न विशेषताएं होती हैं :

(i) एक सामयिक क्रिया।

(ii) एक या अधिक पद।

(iii) अर्थ की दृष्टि से पूर्णता।

(ii) व्याकरण की दृष्टि से पूर्णता।

(v) एक निश्चित क्रिया का होना।

वाक्य रचना : किसी भी वाक्य की संरचना में कई तत्त्व कार्य करते हैं। इनमें पदक्रम, अन्वय, लोप तथा आगम प्रमुख हैं।

पदक्रम : पदक्रम से तात्पर्य है वाक्य में शब्दों का निश्चित क्रम। यदि वाक्य में पद (शब्द) निश्चित क्रम से न प्रयुक्त हो तो वाक्य का कोई निश्चित अर्थ नहीं निकलता। हिन्दी की वाक्य रचना में कर्ता, कर्म और क्रिया का निश्चित क्रम होता है। जैसे 'राधा खाना खाती है।' यहां कर्ता 'राधा' है। कर्म है 'खाना' और क्रिया है 'खाती है'। अंग्रेजी भाषा में वाक्य रचना हिन्दी से भिन्न होती है। वहां कर्ता के बाद क्रिया व कर्म आते हैं।

जैसे Radha eats the Mango.

कर्ता, कर्म और क्रिया के अतिरिक्त वाक्य में विशेषण, क्रिया-विशेषण, पदबंधों और उपवाक्यों आदि का भाषा में एक निश्चित और विशिष्ट क्रम होता है।

अन्वय : अन्वय से तात्पर्य है व्याकरणिक अनुरूपता। यह व्याकरणिक अनुरूपता व्याकरण के विभिन्न रूपों लिंग, वचन, पुरुष आदि में होती है। संस्कृत में कर्ता-क्रिया में लिंग का अन्वय नहीं पाया जाता जबकि हिन्दी में होता है।

राधा खादति = राधा खाती है

राम खादति = राम खाता है।

लोप : कभी-कभी वाक्य रचना में कुछ अपेक्षित शब्दों का लोप हो जाता है। शब्द का लोप होने पर वाक्य का अर्थ प्रायः नष्ट नहीं होता लेकिन अभिव्यक्ति की सम्पूर्णता में थोड़ा-सा अन्तर आ जाता है।

जैसे 'अजय नहीं खाता है।' का 'अजय नहीं खाता' में 'है' का लोप है लेकिन इससे वाक्य के अर्थ में बहुत बड़ा फर्क नहीं पड़ता।

आगम : जब वाक्य में कोई शब्द अनावश्यक जोड़ दिया जाए तो ऐसे शब्द

वाक्य में आगम हो जाते हैं अर्थात् उनकी वाक्य में आवश्यकता नहीं होती लेकिन हठपूर्वक प्रयुक्त किये जाते हैं। जैसे 'कृपया मुझे एक गिलास पानी देने की कृपा करें।'

'प्रधानमंत्री स्वेदश वापस लौटे।'

(ई) हिन्दी शब्द समूह : किसी भाषा की समृद्धि एवं विकास बहुत हद तक उसके शब्द-भण्डार पर निर्भर करता है। शब्द-समूह से ही कोई भाषा नई-नई अभिव्यक्ति कर पाने में समर्थ सिद्ध होती है। हिन्दी भाषा के शब्द-समूह को तीन भागों में विभाजित किया जा सकता है।

(क) परम्परागत शब्द

(ख) प्रादेशिक शब्द

(ग) विदेशी शब्द

(क) परम्परागत शब्द समूह : परम्परागत शब्द समूह परम्परा से चले आ रहे शब्दों का समूह होता है। परम्परा से चले आ रहे ये शब्द जनमानस में इस तरह रच-बस जाते हैं कि इनका प्रयोग सहजता से हो जाता है। परम्परागत शब्द समूह संस्कृत, पालि, प्राकृत और अपभ्रंश से होता हुआ हिन्दी में आया है। हिन्दी की परम्परागत शब्दावली तीन प्रकार की है।

(i) तत्सम (ii) तद्‌भव और (iii) देशज

(i) तत्सम शब्द : तत्सम से अभिप्राय है तत्+सम अर्थात् उसके समान। उसके से अभिप्राय यहां संस्कृत से है। ये शब्द संस्कृत के समान होते हैं। जैसे—प्रातः मुक्ति, नमस्कार, शिक्षा आदि।

(ii) तद्‌भव शब्द : तद्‌भव से अभिप्राय है तत् = उस एवं भव = उत्पन्न अर्थात् उससे उत्पन्न। संस्कृत से उत्पन्न शब्द तद्‌भव कहलाते हैं। जैसे—

हस्त—हाथ

मस्तक—माथा

सत्य—सच

(iii) देशज : देशज शब्द अपनी प्रकृति में नितांत स्थानीय होते हैं। इनका स्रोत लोकभाषा होती है। जैसे गण्डा।

(ख) प्रादेशिक शब्द : हिन्दी सम्पर्क भाषा के रूप में पूरे देश में बोली जाती है। विभिन्न प्रदेशों की बोलियों से उसका सम्पर्क होता है। ऐसी स्थिति में हिन्दी शब्द समूह में प्रादेशिक बोलियों के शब्दों का आ जाना स्वाभाविक है। इन प्रादेशिक शब्दों में गुजराती के हड़ताल, गरबा, बंगला के उपन्यास, सन्देश आदि प्रमुख हैं।

(ग) विदेशी शब्द : लम्बे समय तक विदेशियों से सम्बन्ध होने के कारण हिन्दी शब्द-समूह विदेशी शब्दों की घुसपैठ से अछूता नहीं रहा है। इन विदेशी शब्दों

में अरबी, फारसी, तुर्की, अंग्रेजी के क्रमशः ईमान, अहसान, खुदा, दरवाज़ा, मजबूर, लाभ, बारूद, टेवल, मोटर, पेन आदि प्रमुख हैं।

उपर्युक्त विवेचन से स्पष्ट होता है कि हिन्दी भाषा की संरचना अपने आप में विशिष्ट है। इसकी पद, वाक्य संरचना अपने ढंग की है। शब्द-समूह मिश्रित है। उसके धातु रूप संस्कृत के हैं लेकिन शब्दों का स्वतंत्र अस्तित्व है। इसीलिए हिन्दी में दूसरी भाषा के शब्द सहज ही प्रविष्टि पा गए हैं।

3

संविधान में हिन्दी

14 सितम्बर, 1949 ई. में हिन्दी को राजभाषा घोषित करने के साथ ही संविधान में हिन्दी के लिए विशेष प्रावधान किया गया। स्वतन्त्रता से पूर्व हिन्दी के लिए जो आन्दोलन हुआ था उसका उददेश्य केवल हिन्दी को राजभाषा घोषित करवाने तक सीमित नहीं था। उसका उद्देश्य था प्रत्येक क्षेत्र में हिन्दी का प्रसार-प्रचार। इसीलिए 26 जनवरी, 1950 को जव देश में संविधान लागू हुआ तो उसमें हिन्दी-प्रयोग के लिए अनुच्छेद 343 से 351 तक विशेष प्रावधान किये गए। इसके अतिरिक्त राजभाषा अधिनियम 1963 और 1976 राजभाषा संकल्प 1968, राष्ट्रपति आदेश 1952 तथा 1955 द्वारा हिन्दी के प्रयोग को व्यापक और उसकी स्थिति को सुदृढ़ करने का प्रयास किया गया। इन प्रावधानों, संकल्पों और आदेशों में हिन्दी की स्थिति का विश्लेषण यहाँ प्रस्तुत है।

(i) अनुच्छेद 343 में "संघ की राजभाषा"

(ii) अनुच्छेद 344 में "राजभाषा के लिए आयोग और संसद की समिति"

(iii) अनुच्छेद 345,346 तथा 347 में "प्रादेशिक भाषाएँ अर्थात् राज्य की राजभाषा/राजभाषाएँ"

(iv) अनुच्छेद 348 में "उच्चतम न्यायालय और उच्च न्यायालयों में तथा अधिनियमों, विधेयकों आदि की भाषा"

(v) अनुच्छेद 349 में "भाषा सम्बन्धी कुछ विधियों को अधिनियमित करने के लिए विशेष प्रक्रिया"

(vi) अनुच्छेद 350 में "व्यथा के निवारण के लिए प्रयुक्त भाषा, प्राथमिक स्तर पर मातृभाषा में शिक्षा की सुविधाएँ तथा भाषाई अल्पसंख्यक-वर्गों के लिए विशेष अधिकारी।'

(vii) अनुच्छेद 351 में "हिन्दी भाषा के विकास के लिए निर्देश" आदि से सम्बन्धित प्रावधान किये गये हैं। इन प्रावधानों को विस्तृत रूप में यहां

दिया जा रहा है और इसके वाद इन पर विश्लेषणात्मक चर्चा करने का भी प्रयास किया गया है।

राजभाषा

संघ की भाषा

संघ की राजभाषा

343 (1) संघ की राजभाषा हिन्दी और लिपि देवनागरी होगी। संघ के राजकीय प्रयोजनों के लिए प्रयोग होने वाले अंकों का रूप, भारतीय अंकों का अन्तर्राष्ट्रीय रूप होगा।

(2) खण्ड (1) में किसी बात के होते हुए भी इस संविधान के प्रारम्भ से पन्द्रह वर्ष की कालावधि के लिए संघ के उन सब राजकीय प्रयोजनों के लिए अंग्रेजी भाषा का प्रयोग जारी रहेगा जिनके लिए प्रारम्भ के ठीक पहले उनका प्रयोग होता था, परन्तु राष्ट्रपति उक्त कालावधि में, आदेश द्वारा, संघ के राजकीय प्रयोजनों में से किसी के लिए अंग्रेजी भाषा के साथ-साथ हिन्दी भाषा का तथा भारतीय अंकों के अन्तर्राष्ट्रीय रूप के साथ-साथ देवनागरी रूप का प्रयोग प्राधिकृत कर सकेंगे।

(3) इस अनुच्छेद में किसी बात के होते हुए भी संसद विधि द्वारा उक्त पन्द्रह साल की अवधि के पश्चात् :

(क) अंग्रेजी भाषा का, अथवा,

(ख) अंकों के देवनागरी रूप का,

ऐसे प्रयोजनों के लिए प्रयोग उपबन्धित कर सकेगी जैसे कि ऐसा विधि में उल्लिखित हो।

राजभाषा के लिए संसद का आयोग और समिति

344 (1) राष्ट्रपति इस संविधान के प्रारम्भ में पाँच वर्ष की समाप्ति पर तथा तत्पश्चात् ऐसे प्रारम्भ से दस वर्ष की समाप्ति पर आदेश द्वारा एक आयोग गठित करेगा, जो एक सभापति और अष्टम अनुसूची में उल्लिखित भिन्न भाषाओं का प्रतिनिधित्व करने वाले अन्य सदस्यों से मिलकर बनेगा, जैसे कि राष्ट्रपति नियुक्त करें तथा आयोग द्वारा अनुसरण की जाने वाली प्रक्रिया का आदेश परिभाषित करेगा।

(2) राष्ट्रपति को—

(क) संघ के राजकीय प्रयोजनों के लिए हिन्दी भाषा के लिए उत्तरोत्तर

अधिक प्रयोग के,

(ख) संघ के राजकीय प्रयोजनों में से सब या किसी के लिए अंग्रेजी भाषा के प्रयोग पर निर्बन्धनों के,

(ग) अनुच्छेद 348 में वर्णित प्रयोजनों में से सब या किसी के लिए प्रयोग की जाने वाली भाषा के,

(घ) संघ के किसी एक या अधिक उल्लिखित प्रयोजनों के लिए प्रयोग किए जाने वाले अंकों के रूप के,

(ङ) संघ की राजभाषा तथा संघ और किसी राज्य के बीच अथवा एक राज्य और दूसरे राज्य के बीच संचार की भाषा तथा उनके प्रयोग के बारे में राष्ट्रपति द्वारा आयेाग से पृच्छा किए हुए किसी अन्य विषय के बारे में सिफारिश करने का आयोग का कर्तव्य होगा।

(3) खण्ड (2) के अधीन अपनी सिफारिशें करने में आयोग भारत की औद्योगिक, सांस्कृतिक और वैज्ञानिक उन्नति का तथा लोकसेवाओं के बारे में अहिन्दी भाषा-भाषी क्षेत्रों के लोगों के न्यायपूर्ण दावों और हितों का सम्यक् ध्यान रखेगा।

(4) तीस सदस्यों की एक समिति गठित की जाएगी, जिनमें से बीस लोक-सभा के सदस्य होंगे तथा दस राज्यसभा के सदस्य होंगे, जो कि क्रमशः लोकसभा के सदस्यों तथा राज्यसभा के सदस्यों द्वारा अनुपाती प्रतिनिधित्व-पद्धति के अनुसार एकल संक्रमणीय मत द्वारा निर्वाचित होंगे।

(5) खण्ड (1) के अधीन गठित आयोग की सिफारिशों की परीक्षा करना तथा उन पर अपनी राय का प्रतिवेदन राष्ट्रपति को प्रस्तुत करना समिति का कर्तव्य होगा।

(6) अनुच्छेद 343 में किसी बात के होते हुए भी राष्ट्रपति खण्ड (5) में निर्दिष्ट प्रतिवेदन पर विचार करने के पश्चात् उस सारे प्रतिवेदन के या उसके किसी भाग के अनुसार निर्देश निकाल सकेगा।

प्रादेशिक भाषाएँ

राज्य की राजभाषा या राजभाषाएँ

345 अनुच्छेद 346 और 347 के उपबंधों के अधीन रहते हुए राज्य का विधान-मण्डल विधि द्वारा उस राज्य के राजकीय प्रयोजनों में से सब या किसी के लिए प्रयोग के अर्थ उस राज्य में प्रयुक्त होने वाली भाषाओं में से किसी एक या अनेक को या हिन्दी को अंगीकार कर सकेगा। परन्तु जव

तक राज्य का विधान-मण्डल विधि द्वारा इसे अन्यथा उपबन्ध न करें तब तक राज्य के भीतर उन राजकीय प्रयोजनों के लिए अंग्रेजी भाषा प्रयोग की जाती रहेगी, जिनके लिए इस संविधान के प्रारम्भ से ठीक पहले वह प्रयोग की जाती थी।

एक राज्य और दूसरे राज्य के बीच में
अथवा राज्य और संघ के बीच में संचार के लिए राजभाषा

346 संघ में राजकीय प्रयोजनों के लिए प्रयुक्त होने के लिए तत्समय प्राधिकृत भाषा, एक राज्य और दूसरे राज्य के बीच में तथा किसी राज्य और संघ के बीच में संचार के लिए राजभाषा होगी, परन्तु यदि दो या अधिक राज्य करार करते हैं कि ऐसे राज्यों के बीच में संचार के लिए राजभाषा हिन्दी भाषा होगी तो ऐसे संचार के लिए वह भाषा प्रयोग की जा सकेगी।

किसी राज्य के जनसमुदाय के किसी विभाग द्वारा बोली
जानीवाली भाषा के सम्बन्ध में विशेष उपबन्ध

347 तद्विषय मांग की जाने पर यदि राष्ट्रपति का समाधान हो जाए कि किसी राज्य के जनसमुदाय का पर्याप्त अनुपात चाहता है कि उसके द्वारा बोली जाने वाली कोई भाषा राज्य द्वारा अभिज्ञात की जाए तो वह निर्देश दे सकेगा कि ऐसी भाषा को उस राज्य में सर्वत्र अथवा उसके किसी भाग में ऐसे प्रयोजन के लिए जैसा कि वह उल्लिखित करें, राजकीय मान्यता दी जाए।

उच्चतम न्यायालय, उच्च न्यायालयों आदि की भाषा

उच्चतम न्यायालय और उच्च न्यायालयों में और अधिनियमों, विधेयकों आदि के लिए प्रयोग की जाने वाली भाषा–

348 (1) इस भाग के पूर्ववर्ती उपवन्धों में किसी बात के होते हुए भी जब तक संसद विधि द्वारा अन्यथा उपबन्ध न करें, तब तक–

(क) उच्चतम न्यायालय में तथा प्रत्येक उच्च न्यायालय में सब कार्यवाहियाँ,

(ख) जो–

(i) विधेयक, अथवा उन पर प्रस्तावित किए जाने वाले, जो संशोधन संसद के प्रत्येक सदन में अथवा राज्य के विधान-मण्डल

के सदन या प्रत्येक सदन में पुनःस्थापित किए जाएँ, उन सबके प्राधिकृत पाठ,

(ii) अधिनियम संसद द्वारा या राज्य के विधान-मण्डल द्वारा पारित किए जाएँ, तथा जो अध्यादेश राष्ट्रपति या राज्यपाल द्वारा प्रख्यापित किए जाएँ, उन सबके प्राधिकृत पाठ, तथा

(iii) आदेश, नियम, विनियम और उपविधि इस संविधान के अधीन, अथवा संसद या राज्यों के विधान-मण्डल द्वारा निर्मित किसी विधि के अधीन, निकाले जाएं, उन सबके प्राधिकृत पाठ, अंग्रेजी भाषा में होंगे।

(2) खण्ड (1) के उपखण्ड (क) में किसी बात के होते हुए भी किसी राज्य का राज्यपाल राष्ट्रपति की पूर्व सम्मति से हिन्दी भाषा का या उस राज्य में राजकीय प्रयोजन के लिए प्रयुक्त होने वाली किसी अन्य भाषा का प्रयोग उस राज्य में मुख्य स्थान रखने वाले उच्च न्यायालय में की कार्यवाहियों के लिए प्राधिकृत कर सकेगा :

परन्तु इस खण्ड की कोई बात वैसे उच्च न्यायालय द्वारा दिए गए निर्णय, आज्ञप्ति अथवा आदेश पर लागू न होगी।

(3) खण्ड (1) के उपखण्ड (ख) में किसी बात के होते हुए भी, जहाँ किसी राज्य के विधान-मण्डल ने, उस विधान-मण्डल में पुनःस्थापित विधेयकों या उसके द्वारा पारित अधिनियमों में अथवा उस राज्य के राज्यपाल द्वारा प्रख्यापित अध्यादेशों में अथवा उस उपखण्ड की खंडिका (111) में निर्दिष्ट किसी आदेश, नियम, विनियम या उपविधि में प्रयोग के लिए अंग्रेजी भाषा से अन्य किसी भाषा के प्रयोग को विहित किया है, वहां उस राज्य के राजकीय सूचना-पत्र में उस राज्य के राज्यपाल के प्राधिकार से प्रकाशित अंग्रेजी में उसका अनुवाद उस खण्ड के अभिप्रायों के लिए उसका अंग्रेजी भाषा में प्राधिकृत पाठ समझा जाएगा।

भाषा सम्बन्धी कुछ विधियों को अधिनियमित करने के लिए विशेष प्रक्रिया

349 इस संविधान के प्रारम्भ से पन्द्रह वर्षों की कालावधि तक अनुच्छेद 348 के खण्ड (1) में वर्णित प्रयोजनों में से किसी के लिए प्रयोग की जाने वाली भाषा के लिए उपबन्ध करने वाला कोई विधेयक या संशोधन संसद के किसी भी सदन में राष्ट्रपति की पूर्व मंजूरी के बिना पुनःस्थापित या प्रस्तावित नहीं किया जाएगा तथा ऐसे किसी विधेयक के पुनःस्थापित अथवा ऐसे किसी संशोधन के प्रस्तावित किए जाने की मंजूरी अनुच्छेद 344 के खण्ड

(1) के अधीन गठित आयोग की सिफारिशों पर तथा उस अनुच्छेद के खण्ड (4) के अधीन गठित समिति के प्रतिवेदन पर विचार करने के पश्चात् ही राष्ट्रपति देगा।

विशेष निर्देश

व्यवस्था के निवारण के लिए अभ्यावेदन में प्रयोग की जाने वाली भाषा

350 प्रत्येक व्यक्ति किसी व्यथा के निवारण के लिए संघ या राज्य के किसी अधिकारी या प्राधिकारी को, यथास्थिति, संघ में या राज्य में प्रयोग होने वाली किसी भाषा में अभ्यावेदन देने का हकदार होगा।

प्राथमिक स्तर पर मातृभाषा में शिक्षा की सुविधाएँ

350 (क) प्रत्येक राज्य और राज्य के भीतर प्रत्येक स्थानीय प्राधिकारी भाषाई अल्पसंख्यक-वर्गों के बालकों को शिक्षा के प्राथमिक स्तर पर मातृभाषा में शिक्षा की पर्याप्त सुविधाओं कीं व्यवस्था करने का प्रयास करेगा और राष्ट्रपति किसी राज्य को ऐसे निर्देश दे सकेगा जो वह ऐसी सुविधाओं का उपबंध सुनिश्चित कराने के लिए आवश्यक या उचित समझता है।

भाषाई अल्पसंख्यक-वर्गों के लिए विशेष अधिकारी

350 (ख)(1) भाषाई अल्पसंख्यक-वर्गों के लिए एक विशेष अधिकारी होगा जिसे राष्ट्रपति नियुक्त करेगा।

(2) विशेष अधिकारी का यह कर्तव्य होगा कि वह इस संविधान के अधीन भाषाई अल्पसंख्यक-वर्गों के लिए उपबंधित रक्षोपायों से सम्बन्धित सभी विषयों का अन्वेषण करें और उन विषयों के सम्बन्ध में ऐसे अंतरालों पर जो राष्ट्रपति निर्दिष्ट करें, राष्ट्रपति को प्रतिवेदन दें और राष्ट्रपति ऐसे सभी प्रतिवेदनों को संसद के प्रत्येक सदन के समक्ष रखवाएगा और सम्बन्धित राज्यों की सरकारों को भिजवाएगा।

हिन्दी भाषा के विकास के लिए निर्देश

351 संघ का यह कर्तव्य होगा कि वह हिन्दी भाषा का प्रसार बढ़ाए, उसका विकास

करे जिससे वह भारत की सामासिक संस्कृति के सभी तत्त्वों की अभिव्यक्ति का माध्यम बन सके और उसकी प्रकृति में हस्तक्षेप किए विना हिन्दुस्तानी में और आठवीं अनुसूची में निर्दिष्ट भारत की अन्य भाषाओं में प्रयुक्त रूप, शैली और पदों को आत्मसात करते हुए और जहाँ आवश्यक या वांछनीय हो वहाँ उसके शब्द भंडार के लिए मुख्यतः संस्कृत से और गौणतः अन्य भाषाओं से शब्द ग्रहण करते हुए उसकी समृद्धि सुनिश्चित करे।

संसद में प्रयोग की जानेवाली भाषा

120 (1) भाग 17 में किसी बात के होते हुए भी, किन्तु अनुच्छेद 348 के उपबंधों के अधीन रहते हुए संसद में कार्य हिन्दी में या अंग्रेजी में किया जाएगा।

परन्तु, यथास्थिति राज्यसभा का सभापति या लोकसभा का अध्यक्ष अथवा उस रूप में कार्य करने वाला व्यक्ति किसी सदस्य को, जो हिन्दी में या अंग्रेजी में अपनी पर्याप्त अभिव्यक्ति नहीं कर सकता है, अपनी मातृभाषा में सदन को सम्बोधित करने की अनुज्ञा दे सकेगा।

(2) जब तक संसद विधि द्वारा अन्यथा उपबंध न करे तब तक इस संविधान के प्रारम्भ से पन्द्रह वर्ष की अवधि की समाप्ति के पश्चात् यह अनुच्छेद ऐसे प्रभावी होगा मानो 'या अंग्रेजी में' शब्दों का उसमें से लोप कर दिया गया हो।

संविधान की अष्टम् अनुसूची

भारत के संविधान के अनुच्छेद 344 (1) तथा 351 में उल्लिखित अष्टम् अनुसूची में सन् 1992 तक कुल 18 भारतीय भाषाओं को मान्यता प्रदान की गई है। यह अनुसूची इस प्रकार है :

अष्टम् अनुसूची

(अनुच्छेद 344 (1) और 351)

भाषाएँ

1. असमिया 2. उड़िया 3. उर्दू 4. कन्नड़ 5. कश्मीरी 6. कोंकणी 7. गुजराती 8. तमिल 9. तेलुगू 10. नेपाली 11. पंजाबी 12. बंगला 13. मराठी 14. मणिपुरी 15. मलयालम 16. संस्कृत 17. सिन्धी 18. हिन्दी

(टिप्पणी--कोंकणी, मणिपुरी तथा नेपाली को सन् 1992 में विधि द्वारा अष्टम् अंनुसूची में शामिल किया गया है।)

संविधान में राजभाषा—प्रावधान : कुछ विशिष्टताएँ

भारत के संविधान में संघ की राजभाषा के बारे में जो प्रावधान किए गए हैं, उनकी कुछ विशिष्टताएँ (Highlights) इस प्रकार हैं :

1. संविधान के अनुच्छेद 343 से लेकर अनुच्छेद 351 तक कुल नौ अनुच्छेदों में संघ की राजभाषा, प्रादेशिक भाषाएँ (राज्य की राजभाषा या राजभाषाएँ) उच्च न्यायालयों, उच्चतम न्यायालय आदि में प्रयुक्त भाषा तथा हिन्दी भाषा के विकास आदि के बारे में प्रावधान किए गए हैं। इसके साथ अनुच्छेद 120 में संसद तथा अनुच्छेद 210 में देश के (राज्यों के) विधानमंडल में प्रयुक्त भाषा के बारे में प्रावधान है।
2. संविधान के अनुच्छेद 120 में संसद में प्रयोग की जाने वाली भाषा के बारे में प्रावधान किया गया है। इसके अनुसार संसद में हिन्दी अथवा अंग्रेजी भाषा में कार्य किया जाएगा परन्तु यदि कोई संसद-सदस्य हिन्दी अथवा अंग्रेजी भाषा में अपने विचार व्यक्त नहीं कर सकता तो वह अपने विचार उसकी अपनी मातृभाषा में व्यक्त कर सकता है।
3. संविधान के अनुच्छेद 210 में देश के विभिन्न विधान-मंडल (Lagislative Assembly) में प्रयुक्त भाषा के बारे में प्रावधान किया गया है। इसके अनुसार राज्य के विधान-मंडल में सम्बन्धित राज्य की मान्यता प्राप्त राजभाषा या भाषाओं अथवा हिन्दी या अंग्रेजी में कार्य किया जाएगा परन्तु यदि कोई सदस्य जो उपर्युक्त भाषाओं में से किसी भी भाषा में अपने विचार व्यक्त नहीं कर सकता वह अपनी मातृभाषा में सदन में अपने विचार व्यक्त कर सकता है।
   (यह अनुच्छेद जम्मू-कश्मीर पर लागू नहीं है)
4. संविधान के अनुच्छेद 343 के अनुसार संघ की राजभाषा हिन्दी, लिपि देवनागरी तथा अंक भारतीय अंकों के अन्तर्राष्ट्रीय रूप वाले होंगे जैसे--1, 2, 3, 4, 5, 6, 7, 8, 9 एवं 0
5. संविधान के अनुच्छेद 343 (2) में प्रावधान है कि संविधान लागू होने के शुरू से पन्द्रह वर्ष की कालावधि अर्थात 26 जनवरी, 1950 से 26 जनवरी, 1965 तक अंग्रेजी भाषा का प्रयोग सरकारी कामकाज में जारी रहेगा। इसमें उद्देश्य यह था कि इस पंद्रह वर्ष की कालावधि में हिन्दी का समुचित विकास होकर वह शासन के सभी अंगों में प्रयुक्त होने में सक्षम हो सकें।

संविधान के इसी अनुच्छेद 343 (3) में किए गए प्रावधान के अनुसार संसद को यह अधिकार दिया गया कि पन्द्रह वर्षों की निर्धारित अवधि की समाप्ति के पश्चात् विधि द्वारा अंग्रेजी भाषा अथवा अंकों के देवनागरी रूप के प्रयोग को उपबंधित कर सकती है।

उक्त प्रावधान आगे चलकर हिन्दी के लिए अत्यन्त घातक सिद्ध हुआ क्योंकि इसी के अंतर्गत राजभाषा अधिनियम 1963 पारित किया गया जिसने अंग्रेजी भाषा को अनंतकाल तक जारी रखने का मानो परमिट ही दे दिया।

6. संविधान के अनुच्छेद 344 में राजभाषा के लिए आयोग और संसदीय राजभाषा समिति के गठन के लिए प्रावधान किए गए हैं। इसके अनुसार संविधान लागू होने के पाँच एवं दस वर्ष की समाप्ति पर राष्ट्रपति आदेश द्वारा राजभाषा आयोग का गठन करेंगे। यह आयोग राष्ट्रपति को हिन्दी के उत्तरोत्तर प्रयोग तथा उसके अनुषंगी बातों पर प्रतिवेदन देगा तथा सिफारिशें करेगा।

अनुच्छेद 344 (4) में संसदीय राजभाषा समिति के गठन के बारे में प्रावधान है। इस समिति में लोकसभा के बीस सदस्य तथा राज्यसभा के दस सदस्य होंगे। यह समिति राजभाषा आयोग की सिफारिशें तथा हिन्दी के प्रगामी प्रयोग के बारे में अपनी रिपोर्ट राष्ट्रपति को प्रस्तुत करेगी।

7. अनुच्छेद 345 में विभिन्न राज्यों की राजभाषाओं के बारे में प्रावधान किये गये हैं। इसके अनुसार राज्य का विधान मंडल विधि द्वारा उस राज्य की किसी एक अथवा अनेक अथवा हिन्दी भाषा को अपनी राजभाषा के रूप में अंगीकार कर सकता है।

अनुच्छेद 346 में एक राज्य और दूसरे राज्य के बीच में अथवा राज्य और संघ के बीच में संचार (Communication) के लिए राजभाषा के लिए प्रावधान किया गया है। उसके अनुसार किसी एक या दूसरे राज्य के जनसमुदाय का पर्याप्त समुदाय चाहता है कि उसके द्वारा बोली जाने वाली किसी भाषा को मान्यता दी जाए तो वे वैसा करने के लिए सम्बन्धित राज्य को आदेश दे सकते हैं।

8. अनुच्छेद 348 में उच्चतम न्यायालय (Supreme Court) तथा उच्च न्यायालयों (Hight Courts) आदि की भाषा के बारे में प्रावधान करते हुए स्पष्ट किया गया है कि जब तक संसद विधि द्वारा उपबन्ध न करें तब तक उच्चतम न्यायालय तथा उच्च न्यायालय की सभी कार्यवाहियाँ अंग्रेजी भाषा में होंगी। और, संसद एवं राज्यों के विधान-मंडलों में पारित विधेयक तथा राष्ट्रपति एवं राज्यपालों द्वारा जारी सभी अध्यादेश, आदेश विनिमय, नियम आदि सबके प्राधिकृत पाठ (Authoritative Text) भी अंग्रेज़ी भाषा में ही माना जाएगा।

9. संविधान के अनुच्छेद 349 के अनुसार संविधान के लागू होने के पंद्रह वर्षों की अवधि तक अंग्रेजी के अलावा किसी भी दूसरी भाषा का पाठ प्राधिकृत पाठ नहीं माना जाएगा परन्तु किसी अन्य भाषा के प्राधिकृत पाठ हेतु भाषा आयोग तथा संसदीय समिति के प्रतिवेदनों एवं सिफारिशों पर विचार करने के पश्चात् राष्ट्रपति अपनी स्वीकृति प्रदान कर सकता है।

10. अनुच्छेद 350 में प्रावधान है कि किसी व्यथा के निवारण के लिए संघ अथवा राज्य के किसी भी अधिकारी या प्राधिकारी को संघ अथवा राज्य में प्रयोग होने वाली किसी भाषा में अभिवेदन देने का प्रत्येक व्यक्ति का हक होगा।
कोई भी व्यक्ति संघ अथवा राज्य में प्रयुक्त किसी भी भाषा में अपना अभिवेदन अथवा आवेदन देने का हकदार है।

11. संविधान का अनुच्छेद 351 अत्यन्त महत्त्वपूर्ण माना जा सकता है क्योंकि इसके अनुसार राजभाषा हिन्दी के बहुमुखी विकास तथा प्रचार-प्रसार का कानूनी दायित्व संघ (केन्द्र सरकार) को सौंपा गया है। और, किस प्रकार हिन्दी को विकसित करना है, इसके लिए भी स्पष्ट निर्देश उक्त अनुच्छेद में दिए गए हैं।
    (i) अनुच्छेद 351 में प्रावधान है कि हिन्दी भाषा की प्रसार वृद्धि तथा विकास करना संघ का कर्तव्य होगा। ऐसी हिन्दी विकसित करनी चाहिए जो भारत की सामासिक संस्कृति के सभी तत्त्वों की अभिव्यक्ति का माध्यम हो सके।
    (ii) अनुच्छेद में ऐसी हिन्दी के विकास के लिए निर्देश दिया है जो हिन्दुस्तानी तथा अन्य भारतीय भाषाओं के रूप, शैली और पदावली को आत्मसात कर ले तथा अपने शब्द भंडार के लिए मुख्य रूप से संस्कृत और गौण रूप से अन्य भाषाओं से शब्द ग्रहण करे।
    (iii) संविधान के उक्त अनुच्छेद 351 से स्पष्ट होता है कि राजभाषा के रूप में हिन्दी को भारतीय तथा अन्य भाषाओं से जोड़कर उसका दायरा विस्तृत बना दिया गया है तथा उसे अप्रत्यक्ष रूप से सम्पर्क भाषा के रूप में भी मान्यता दी गई है।
    (iv) इस अनुच्छेद में 'भारत की सामासिक संस्कृति' (Composite Culture of India) का उल्लेख किया गया है जो भारत की धर्म-निरपेक्षता की नीति को उजागर करता है। भारत में हिन्दू, मुसलमान, सिख, ईसाई, बौद्ध, जैन आदि अनेक धर्मों की संस्कृतियों

का सुन्दर मेल है। यही सामासिक संस्कृति है, और इसी को अभिव्यक्ति प्रदान करने का सशक्त माध्यम बनाना है।

(v) शासन के विभिन्न अंगों तथा जनता के बीच हिन्दी भाषा के समुचित विकास तथा प्रचार-प्रसार के लिए यह अनुच्छेद दीप स्तम्भ की भाँति सिद्ध हुआ है।

राजभाषा अधिनियम 1963

भारत के संविधान में राजभाषा संबंधी किए गए प्रावधानों के अनुसार 26 जनवरी, 1965 के बाद (संविधान लागू होने के 15 वर्ष की अवधि के पश्चात्) संघ के सरकारी प्रयोजनों में अंग्रेजी को पूर्णतः हटाकर राजभाषा के रूप में केवल हिन्दी का ही प्रयोग किया जाना अपेक्षित था। संविधान के अनुच्छेद 344 के प्रावधानों के अधीन राष्ट्रपति के आदेशानुसार सन् 1956 में एक राजभाषा आयोग स्थापित किया गया जिसने राजभाषा हिन्दी के प्रगामी प्रयोग से सम्बन्धित अपनी सिफारिशों समेत विस्तृत रिपोर्ट प्रस्तुत की। किन्तु इस रिपोर्ट के प्रकाशित होते ही अहिन्दी भाषी प्रदेश, विशेषतः दक्षिण भारत में हिन्दी के विरोध में तीव्र आन्दोलन शुरू हुआ। सरकार ने राजभाषा के बारे में तुष्टीकरण की नीति को अपनाते हुए 1963 में एक अधिनियम पारित किया जो "राजभाषा अधिनियम 1963" के नाम से जाना जाता है। यह अधिनियम इस प्रकार है–

राजभाषा अधिनियम 1963

उन भाषाओं का जो संघ के राजकीय प्रयोजनों, संसद में कार्य के संव्यवहार, केन्द्रीय और राज्य अधिनियमों और उच्च न्यायालयों में कतिपय प्रयोजनों के लिए प्रयोग में लाई जा सकेगी, उपबंध करने के लिए अधिनियम

संक्षिप्त नाम और प्रारम्भ

1. (1) यह अधिनियम राजभाषा अधिनियम, 1963 कहा जा सकेगा।
   (2) धारा 3, जनवरी, 1965 के 26 वें दिन को प्रवृत्त होगी और इस अधिनियम के शेष उपबंध उस तारीख को प्रवृत्त होंगे जिसे केन्द्रीय सरकार, शासकीय राजपत्र में अधिसूचना द्वारा, नियत करें और इस अधिनियम के विभिन्न उपबंधों के लिए विभिन्न तारीखें नियत की जा सकेंगी।

परिभाषाएँ

2. इस अधिनियम में, जब तक कि प्रसंग से अन्यथा अपेक्षित न हो—
   (क) 'नियत दिन' से, धारा 3 के सम्बन्ध में, जनवरी 1965 का 26 वाँ दिन अभिप्रेत है और इस अधिनियम के किसी अन्य उपबंध के सम्बन्ध में वह दिन अभिप्रेत है जिस दिन को वह उपबंध प्रवृत्त होता है;
   (ख) 'हिन्दी' से वह हिन्दी अभिप्रेत है जिनकी लिपि देवनागरी है।

*** संघ के राजकीय प्रयोजनों के लिए और संसद में प्रयोग के लिए अंग्रेजी भाषा का बना रहना।**

*3. (1) संविधान के प्रारम्भ से 15 वर्ष की कालावधि की समाप्ति हो जाने पर भी, हिन्दी के अतिरिक्त अंग्रेजी भाषा नियत दिन से ही—
   (क) संघ के उन सब राजकीय प्रयोजनों के लिए जिनके लिए वह उस दिन से ठीक पहले प्रयोग में लाई जाती थी; तथा
   (ख) संसद में कार्य के संव्यवहार के लिए; प्रयोग में लाई जाती रह सकेगी :

परन्तु संघ और किसी ऐसे राज्य के बीच, जिसने हिन्दी को अपनी राजभाषा के रूप में नहीं अपनाया है पत्रादि के प्रयोजनों के लिए अंग्रेजी भाषा प्रयोग में लाई जाएगी :

परन्तु यह और कि जहाँ किसी ऐसे राज्य के, जिसने हिन्दी को अपनी राजभाषा के रूप में अपनाया है और किसी अन्य राज्य के, जिसने हिन्दी को अपनी राजभाषा के रूप में नहीं अपनाया है, बीच पत्रादि के प्रयोजनों के लिए हिन्दी को प्रयोग में लाया जाता है, वहाँ हिन्दी में ऐसे पत्रादि के साथ-साथ उसका अनुवाद अंग्रेजी भाषा में भेजा जाएगा :

परन्तु यह और भी कि इस उपधारा की किसी भी बात का यह अर्थ नहीं लगाया जाएगा कि वह किसी ऐसे राज्य को, जिसने हिन्दी को अपनी राजभाषा के रूप में नहीं अपनाया है, संघ के साथ या किसी ऐसे राज्य के साथ जिसने हिन्दी को अपनी राजभाषा के रूप में अपनाया है, या किसी अन्य राज्य के साथ, उसकी सहमति से, पत्रादि के प्रयोजनों के लिए हिन्दी को प्रयोग में लाने से निवारित करती है, और ऐसे किसी मामले में उस राज्य के साथ पत्रादि के प्रयोजनों के लिए अंग्रेजी भाषा का प्रयोग बाध्यकर न होगा।

(2) उपधारा (1) में अन्तर्विष्ट किसी बात के होते हुए भी, जहाँ पत्रादि के प्रयोजनों के लिए हिन्दी या अंग्रेजी भाषा—
   (i) केन्द्रीय सरकार के एक मंत्रालय या विभाग या कार्यालय के और दूसरे मंत्रालय या विभाग या कार्यालय के बीच;

(ii) केन्द्रीय सरकार के एक मंत्रालय या विभाग या कार्यालय के और केन्द्रीय सरकार के स्वामित्व में के या नियंत्रण में के किसी निगम या कम्पनी या उसके किसी कार्यालय के और किसी अन्य ऐसे निगम या कम्पनी या कार्यालय के बीच;

(iii) केन्द्रीय सरकार के स्वामित्व में के या नियंत्रण में के किसी निगम या कम्पनी या उसके किसी कार्यालय के और किसी अन्य ऐसे निगम या कम्पनी या कार्यालय के बीच;

प्रयोग में लाई जाती है वहाँ उस तारीख तक, जब तक पूर्वोक्त सम्बन्धित मंत्रालय, विभाग, कार्यालय या निगम या कम्पनी का कर्मचारीवृन्द हिन्दी का कार्यसाधक ज्ञान प्राप्त नहीं कर लेता, ऐसे पत्रादि का अनुवाद, यथास्थिति, अंग्रेजी भाषा या हिन्दी में भी दिया जाएगा–

(3) उपधारा (1) में अन्तर्विष्ट किसी वात के होते हुए भी हिन्दी और अंग्रेजी भाषा दोनों ही–

(i) संकल्पों, साधारण आदेशों, नियमों, अधिसूचनाओं, प्रशासनिक या अन्य प्रतिवेदनों या प्रेस विज्ञप्तियों के लिए, जो केन्द्रीय सरकार द्वारा या उसके किसी मंत्रालय, विभाग या कार्यालय द्वारा या केन्द्रीय सरकार के स्वामित्व में के या नियंत्रण में के किसी निगम या कम्पनी द्वारा या ऐसे निगम या कम्पनी के किसी कार्यालय द्वारा निकाले जाते हैं या किये जाते हैं;

(ii) संसद के किसी सदन या सदनों के समक्ष रखे गए प्रशासनिक तथा अन्य प्रतिवेदनों और राजकीय कागज-पत्रों के लिए;

(iii) केन्द्रीय सरकार या उसके किसी मंत्रालय, विभाग या कार्यालय द्वारा या उसकी ओर से या केन्द्रीय सरकार के स्वामित्व में के किसी निगम या कम्पनी द्वारा या ऐसे निगम या कम्पनी के किसी कार्यालय द्वारा निष्पादित संविदाओं और करारों के लिए तथा निकाली गई अनुज्ञप्तियों, अनुज्ञापत्रों, सूचनाओं और निविदा-प्रारूपों के लिए प्रयोग में लाई जाएगी।

(4) उपधारा (1) उपधारा (2) उपधारा (3) के उपबन्धों पर प्रतिकूल प्रभाव डाले बिना केन्द्रीय सरकार, धारा 8 के अधीन बनाए गए नियमों द्वारा उस भाषा या उन भाषाओं का उपबन्ध कर सकेगी जिसे या जिन्हें संघ के राजकीय प्रयोजन के लिए, जिसके अन्तर्गत किसी मंत्रालय, विभाग, अनुभाग या कार्यालय का कार्यकरण है, प्रयोग में लाया जाना है और ऐसे नियम बनाने में राजकीय कार्य के शीघ्रता और दक्षता के साथ निपटारे का तथा जनसाधारण के हितों का सम्यक् ध्यान रखा जाएगा और इस प्रकार बनाए

गए नियम विशिष्टतया यह सुनिश्चित करेंगे कि जो व्यक्ति संघ के कार्यकलाप के सम्बन्ध में सेवा कर रहे हैं और जो या तो हिन्दी में या अंग्रेजी भाषा में प्रवीण हैं वे प्रभावी रूप से अपना काम कर सकें और यह भी कि केवल इस आधार पर कि वे दोनों ही भाषाओं में प्रवीण नहीं है उनका कोई अहित नहीं होता है।

(5) उपधारा (1) के खण्ड (क) के उपबन्ध और उपधारा (2), उपधारा (3) और उपधारा (4) के उपबन्ध तब तक प्रवृत्त बने रहेंगे जब तक उनमें वर्णित प्रयोजनों के लिए अंग्रेजी भाषा का प्रयोग समाप्त कर देने के लिए ऐसे सभी राज्यों के विधान-मंडलों द्वारा, जिन्होंने हिन्दी को अपनी राजभाषा के रूप में नहीं अपनाया है, संकल्प पारित नहीं कर दिये जाते और जब तक पूर्वोक्त संकल्पों पर विचार कर लेने के पश्चात् ऐसी समाप्ति के लिए संसद के हर एक सदन द्वारा संकल्प पारित नहीं कर दिया जाता।

राजभाषा के सम्बन्ध में समिति

4. (1) जिस तारीख को धारा 3 प्रवृत्त होती है उससे दस वर्ष की समाप्ति के पश्चात् , राजभाषा के सम्बन्ध में एक समिति इस विषय का संकल्प संसद के किसी भी सदन में राष्ट्रपति की पूर्व मंजूरी से प्रस्तावित और दोनों सदनों द्वारा पारित किये जाने पर गठित की जाएगी।

(2) इस समिति में तीस सदस्य होंगे जिनमें से बीस लोकसभा के सदस्य होंगे तथा दस राज्यसभा के सदस्य होंगे, जो क्रमशः लोकसभा के सदस्यों तथा राज्यसभा के सदस्यों द्वारा आनुपातिक प्रतिनिधित्व पद्धति के अनुसार एकल संक्रमणीय मत द्वारा निर्वाचित होंगे।

(3) इस समिति का कर्तव्य होगा कि वह संघ के राजकीय प्रयोजनों के लिए हिन्दी के प्रयोग में की गई प्रगति का पुनर्विलोकन करें और उस पर सिफारिशें करते हुए राष्ट्रपति को प्रतिवेदन करें और राष्ट्रपति उस प्रतिवेदन को संसद के हर एक सदन के समक्ष रखवाएगा और सभी राज्य सरकारों को भिजवाएगा।

(4) राष्ट्रपति उपधारा (3) में निर्दिष्ट प्रतिवेदन पर और उस पर राज्य सरकारों ने यदि कोई मत अभिव्यक्त किए हों तो उन पर विचार करने के पश्चात् उस समस्त प्रतिवेदन के या उसके किसी भाग के अनुसार निर्देश निकाल सकेगा :

* परन्तु इस प्रकार निकाले गए निर्देश धारा 3 के उपबन्धों से असंगत नहीं होंगे।

केन्द्रीय अधिनियमों आदि का प्राधिकृत हिन्दी अनुवाद

5. (1) नियत दिन को और उसके पश्चात् शासकीय राजपत्र में राष्ट्रपति के प्राधिकार से प्रकाशित–

(क) किसी केन्द्रीय अधिनियम का या राष्ट्रपति द्वारा प्रख्यापित किसी अध्यादेश का, अथवा

(ख) संविधान के अधीन या किसी केन्द्रीय अधिनियम के अधीन निकाले गए किसी आदेश, नियम, विनियम या उपविधि का,–हिन्दी में अनुवाद उसका हिन्दी में प्राधिकृत पाठ समझा जाएगा।

(2) नियत दिन से ही उन सब विधेयकों के जो संसद के किसी भी सदन में पुनःस्थापित किए जाने हों और उन सब संशोधनों के, जो उनके सम्बन्ध में संसद के किसी भी सदन में प्रस्तावित किए जाने हों, अंग्रेजी भाषा के प्राधिकृत पाठ के साथ-साथ उनका हिन्दी में अनुवाद भी होगा जो ऐसी रीति से प्राधिकृत किया जाएगा, जो इस अधिनियम के अधीन बनाए गए नियमों द्वारा विहित की जाए।

कतिपय दशाओं में राज्य अधिनियमों का प्राधिकृत हिन्दी अनुवाद

6. जहाँ किसी राज्य के विधान-मंडल ने उस राज्य के विधान-मंडल द्वारा पारित अधिनियमों में अथवा उस राज्य में राज्यपाल द्वारा प्रस्थापित अध्यादेशों में प्रयोग के लिए हिन्दी से भिन्न कोई भाषा विहित की है वहाँ संविधान के अनुच्छेद 348 के खण्ड (3) द्वारा अपेक्षित अंग्रेजी भाषा में उसके अनुवाद के अतिरिक्त, उसका हिन्दी में अनुवाद उस राज्य के शासकीय राजपत्र में उस राज्य के राज्यपाल के प्राधिकार से, नियत दिन को या उसके पश्चात् प्रकाशित किया जा सकेगा और ऐसी दशा में ऐसे किसी अधिनियम या अध्यादेश का हिन्दी में अनुवाद हिन्दी भाषा में उसका प्राधिकृत पाठ समझा जाएगा।

उच्च न्यायालयों के निर्णयों, आदि में हिन्दी या अन्य राजभाषा का वैकल्पिक प्रयोग

7. नियत दिन से ही या तत्पश्चात् किसी भी दिन से किसी राज्य का राज्यपाल, राष्ट्रपति की पूर्व सम्मति, से अंग्रेजी भाषा के अतिरिक्त हिन्दी या उस राज्य की राजभाषा का प्रयोग, उस राज्य के उच्च न्यायालय द्वारा पारित या दिए गए किसी निर्णय, डिक्री या आदेश के प्रयोजन के प्रयोजकों के लिए

प्राधिकृत कर सकेगा और जहाँ कोई निर्णय, डिक्री या ओदश (अंग्रेजी भाषा से भिन्न) ऐसी किसी भाषा में पारित किया या दिया जाता है वहाँ उसके साथ-साथ उच्च न्यायालय के प्राधिकरण से निकाला गया अंग्रेजी भाषा में उसका अनुवाद भी होगा।

नियम बनाने की शक्ति

8. (1) केन्द्रीय सरकार इस अधिनियम के प्रयोजनों को कार्यान्वित करने के लिए नियम, शासकीय राजपत्र में अधिसूचना द्वारा, बना सकेगी।

(2) इस धारा के अधीन बनाया गया हर नियम, बनाए जाने के पश्चात् यथाशक्य शीघ्र, संसद के हर एक सदन के समक्ष, उस समय जब वह सत्र में हो, कुल मिलाकर तीस दिन की कालावधि के लिए, जो एक सत्र में या दो क्रमवर्ती सत्रों में समाविष्ट हो सकेगी, रखा जाएगा और यदि उस सत्र के, जिसमें वह ऐसे रखा गया हो या ठीक पश्चातवर्ती सत्र के अवसान के पूर्व दोनों सदन उस नियम में कोई उपान्तर करने के लिए सहमत हो जाएँ या दोनों सदन सहमत हो जाएँ कि वह नियम नहीं बनाया जाना चाहिए तो तत्पश्चात् यथास्थिति, वह नियम ऐसे उपान्तरित रूप में ही प्रभावशील होगा या उसका कोई भी प्रभाव न होगा, किन्तु इस प्रकार कि ऐसा कोई उपान्तर उस नियम के अधीन पहले की गई किसी बात की विधिमान्यता पर प्रतिकूल प्रभाव डाले बिना होगा।

कतिपय उपबन्धों का जम्मू-कश्मीर पर लागू न होना

9. धारा 6 और धारा 7 के उपबन्ध जम्मू-कश्मीर राज्य पर लागू न होंगे।

राजभाषा अधिनियम 1963 की मुख्य विशिष्टताएँ

1. राजभाषा अधिनियम 1963 में कुल नौ उपबन्ध हैं।
2. सन् 1965 के बाद भी हिन्दी भाषा के अतिरिक्त अंग्रेजी सहभाषा के रूप में सरकारी प्रयोजनों के लिए प्रयुक्त होती रहेगी।
3. अंग्रेजी को जारी रखने की कोई निश्चित अंतिम कालावधि नहीं होगी, अर्थात् वह अबाध रूप से जारी रहेगी।
4. इस अधिनियम के उपबन्ध 3 के अनुसार अंग्रेजी भाषा के बने रहने के लिए कानूनी प्रावधान किया गया है। और, यही उपबन्ध है जिसके तहत हिन्दी का स्थान कानूनी रूप से भले ही मुख्य रहा हो परन्तु व्यावहारिक दृष्टि से

गौण हो गया और अंग्रेजी का स्थान गौण होने पर भी व्यावहारिक स्तर पर वह प्रमुख बन गई।

5. राजभाषा अधिनियम 1963 की धारा 3 (3) अत्यंत महत्त्वपूर्ण मानी जा सकती है क्योंकि इसी के अनुसरण में सरकारी कार्यालयों आदि में हिन्दी-अंग्रेजी द्विभाषी युग का सूत्रपात हुआ। इस धारा के प्रावधान के अनुसार केन्द्र सरकार के मंत्रालयों, कार्यालयों तथा सभी सम्बद्ध निगमों, संस्थानों, कम्पनियों एवं निकायों आदि से जारी सभी परिपत्र, सामान्य आदेश, संकल्प, नियम, अधिसूचना, प्रेस विज्ञप्ति, संविदा और करार, टेंडर, विज्ञापन, प्रशासनिक तथा अन्य रिपोर्ट और संसद के समक्ष रखे गये सभी प्रकार के प्रतिवेदन एवं राजकीय कागज-पत्र आदि अनिवार्य रूप से हिन्दी-अंग्रेजी द्विभाषी रूप में होंगे।
6. इस अधिनियम की धारा 4 के अनुसार राजभाषा के बारे में एक संसदीय राजभाषा समिति के गठन का प्रावधान है। इस 'संसदीय राजभाषा समिति' में तीस सदस्य होंगे जिसमें लोकसभा के बीस और राज्यसभा के दस सदस्य होंगे। समिति के प्रतिवेदन पर राज्य सरकारों की राय प्राप्त किये जाने के बाद प्रतिवेदन को विचारार्थ संसद में रखा जाएगा।
7. इस अधिनियम की धारा में प्रावधान है कि सन् 1965 के बाद राष्ट्रपति के प्राधिकार के अधीन सरकारी राजपत्र में प्रकाशित हिन्दी अनुवाद, उसका हिन्दी में प्राधिकृत पाठ माना जाएगा।

   धारा 5 (2) में व्यवस्था की गई है कि 1965 के बाद (नियत दिन से) सभी विधेयकों आदि के प्राधिकृत अंग्रेजी पाठों के साथ-साथ उनके प्राधिकृत हिन्दी अनुवाद भी देने होंगे।
8. अधिनियम की धारा 7 में प्रावधान किया गया है कि राष्ट्रपति की पूर्व अनुमति से किसी राज्य का राज्यपाल उच्च न्यायालय के फैसलों, आदेशों आदि के लिए हिन्दी या राज्य की राजभाषा के वैकल्पिक प्रयोग को प्राधिकृत कर सकता है।
9. निष्कर्ष रूप में कहा जा सकता है कि कानूनी तौर पर राजभाषा अधिनियम 1963 ने हिन्दी को संघ की मुख्य राजभाषा के रूप में स्थापित किया किन्तु दूसरी ओर अंग्रेजी भाषा को निर्बाध अनिश्चित काल तक जारी रखने के लिए खुली छूट भी मिल गई।

राजभाषा नियम 1976

राजभाषा हिन्दी के प्रयोग को सरकारी कार्यालयों, केन्द्रीय सरकार के अधीन नियमों, कम्पनियों आदि में अधिक प्रभावी ढंग से किए जाने के लिए केन्द्रीय

सरकार ने 1976 में, राजभाषा अधिनियम 1963 (1963 का19) की धारा 3 की उपधारा (4) के साथ पठित धारा 8 द्वारा प्रदत्त शक्तियों का प्रयोग करते हुए निम्नलिखित नियम बनाए हैं। इन नियमों में सरकारी कर्मचारियों के हित को दृष्टिगत रखकर भी कुछ प्रावधान किए गए हैं। यह राजभाषा नियम, 1976 इस प्रकार है–

सा. का. नि. 1052–राजभाषा अधिनियम, 1963 (1963 का 19) की धारा 3 की उपधारा (4) के साथ धारा 8 द्वारा प्रदत्त शक्तियों का प्रयोग करते हुए, केन्द्रीय सरकार निम्नलिखित नियम बनाती है, अर्थात्–

1. संक्षिप्त नाम और प्रारम्भ :

(1) इन नियमों का संक्षिप्त नाम राजभाषा (संघ के शासकीय प्रयोजनों के लिए प्रयोग) नियम, 1976 है।

(2) इनका विस्तार, तमिलनाडु राज्य के सिवाय सम्पूर्ण भारत पर है।

(3) ये राजपत्र में प्रकाशन की तारीख को प्रवृत्त होंगे।

2. परिभाषाएँ :

इन नियमों में, जब तक कि सन्दर्भ से अन्यथा अपेक्षित न हो–

(क) 'अधिनियम' से राजभाषा अधिनियम, 1963 (1963 का 19) अभिप्रेत है;

(ख) 'केन्द्रीय सरकार के कार्यालय' के अन्तर्गत निम्नलिखित भी हैं, अर्थात् :

(i) केन्द्रीय सरकार का कोई मंत्रालय, विभाग या कार्यालय,

(ii) केन्द्रीय सरकार द्वारा नियुक्त किसी आयोग, समिति या अधिकरण का कोई कार्यालय, और

(iii) केन्द्रीय सरकार के स्वामित्व में या नियंत्रण के अधीन किसी निगम या कम्पनी का कोई कार्यालय;

(ग) कर्मचारी से केन्द्रीय सरकार के कार्यालय में नियोजित कोई व्यक्ति अभिप्रेत है;

(घ) 'अधिसूचित कार्यालय' से नियम 10 के उपनियम (4) के अधीन अधिसूचित कार्यालय अभिप्रेत है;

(ङ) 'हिन्दी में प्रवीणता' से नियम 9 में वर्णित प्रवीणता अभिप्रेत है;

(च) 'क्षेत्र क' से बिहार, हरियाणा, हिमाचल प्रदेश, मध्य प्रदेश, राजस्थान और उत्तर प्रदेश राज्य तथा अंडमान निकोबार द्वीपसमूह एवं दिल्ली संघ राज्य क्षेत्र अभिप्रेत है;

(छ) 'क्षेत्र ख' से गुजरात, महाराष्ट्र और पंजाब राज्य तथा चण्डीगढ़ संघ राज्यक्षेत्र अभिप्रेत है;

राजभाषा हिन्दी के प्रयोग हेतु राज्यों का तीन क्षेत्रों में वर्गीकरण

(राजभाषा नियम 1976 के अधीन)

क्षेत्र 'क'

(हिन्दी भाषी क्षेत्र)

1. बिहार
2. हरियाणा
3. हिमाचल प्रदेश
4. मध्य प्रदेश
5. राजस्थान
6. उत्तर प्रदेश
7. दिल्ली संघ राज्य क्षेत्र
8. अंडमान निकोबार द्वीपसमूह

क्षेत्र 'ख'

(ऐसे राज्य जिन्होंने हिन्दी को विधिवत रूप से अपना लिया है)

1. गुजरात
2. महाराष्ट्र
3. पंजाब
4. चंडीगढ़ संघ राज्य क्षेत्र

क्षेत्र 'ग'

(ऐसे राज्य जिन्होंने कानूनी रूप से हिन्दी को अभी तक नहीं अपनाया)

क्षेत्र 'क' एवं क्षेत्र 'ख' में उल्लिखित राज्यों को छोड़कर शेष सभी राज्य एवं संघ राज्य-क्षेत्र

(ज) 'क्षेत्र ग' से खण्ड (च) और (छ) में निर्दिष्ट राज्यों और संघ राज्य-क्षेत्रों से भिन्न राज्य तथा संघ राज्यक्षेत्र अभिप्रेत है;

(झ) हिन्दी का कार्यसाधक ज्ञान से नियम 10 में वर्णित कार्यसाधक ज्ञान अभिप्रेत है।

3. राज्यों आदि और केन्द्रीय सरकार के कार्यालयों से भिन्न कार्यालयों के साथ पत्रादि :

(1) केन्द्रीय सरकार के कार्यालय से 'क्षेत्र क' में किसी राज्य या संघ राज्यक्षेत्र को या ऐसे राज्य सा संघ राज्यक्षेत्र में किसी कार्यालय (जो केन्द्रीय सरकार का कार्यालय न हो) या व्यक्ति को पत्रादि, असाधारण दशाओं को छोड़कर हिन्दी में होंगे और यदि उनमें से किसी को क़ोई पत्रादि अंग्रेज़ी में भेजे जाते हैं तो उनके साथ उनका हिन्दी अनुवाद भी भेजा जाएगा।

(2) केन्द्रीय सरकार के कार्यालय से–

(क) 'क्षेत्र ख' में किसी राज्य या संघ राज्यक्षेत्र को या ऐसे राज्य या संघ राज्यक्षेत्र में किसी कार्यालय (जो केन्द्रीय सरकार का कार्यालय न हो) या व्यक्ति को पत्रादि मामूली तौर पर हिन्दी में होंगे और यदि इनमें से किसी को कोई पत्रादि अंग्रेजी में भेजे जाते हैं तो उनके साथ उनका हिन्दी अनुवाद भी भेजा जाएगा।

परन्तु यदि कोई राज्य या संघ राज्यक्षेत्र यह चाहता है कि किसी विशिष्ट वर्ग या प्रवर्ग के पत्रादि या उसके किसी कार्यालय के लिए आशयित पत्रादि सम्बद्ध राज्य या संघ राज्यक्षेत्र की सरकार द्वारा विनिर्दिष्ट अवधि तक अंग्रेजी या हिन्दी में भेजे जाएँ और उसके साथ दूसरी भाषा में उसका अनुवाद भी भेजा जाए तो ऐसे पत्रादि उसी रीति से भेजे जाएँगे।

(ख) 'क्षेत्र ख' के किसी राज्य या संघ राज्यक्षेत्र में किसी व्यक्ति को पत्रादि हिन्दी या अंग्रेजी में भेजे जा सकते हैं।

(3) केन्द्रीय सरकार के कार्यालय से 'क्षेत्र ग' में किसी राज्य या संघ राज्यक्षेत्र को ऐसे राज्य में किसी कार्यालय (जो केन्द्रीय सरकार का कार्यालय न हो) या व्यक्ति को पत्रादि हिन्दी या अंग्रेजी में हो सकते हैं।

4. केन्द्रीय सरकार के कार्यालयों के वीच पत्रादि :

(क) केन्द्रीय सरकार के किसी एक मंत्रालय या विभाग और किसी दूसरे मंत्रालय या विभाग के बीच पत्रादि हिन्दी या अंग्रेजी में हो सकते हैं;

(ख) केन्द्रीय सरकार ने एक मंत्रालय या विभाग और 'क्षेत्र क' में स्थित संलग्न

या अधीनस्थ कार्यालयों के बीच पत्रादि हिन्दी में होंगे और ऐसे अनुपात में होंगे जो केन्द्रीय सरकार ऐसे कार्यालयों में हिन्दी का कार्यसाधक ज्ञान रखने वाले व्यक्तियों की संख्या, हिन्दी में पत्रादि भेजने की सुविधाओं और उससे सम्बन्धित आनुषंगिक बातों को ध्यान में रखते हुए, समय-समय पर, अवधारित करें;

(ग) 'क्षेत्र क' के स्थित केन्द्रीय सरकार के ऐसे कार्यालयों के बीच, जो खण्ड (क) या खण्ड (ख) में विनिर्दिष्ट कार्यालय से भिन्न हैं, पत्रादि हिन्दी में होंगे;

(घ) 'क्षेत्र क' में स्थित केन्द्रीय सरकार के कार्यालयों और 'क्षेत्र ख' या 'क्षेत्र ग' में स्थित केन्द्रीय सरकार के कार्यालयों के बीच पत्रादि हिन्दी या अंग्रेजी में हो सकते हैं;

(ङ) 'क्षेत्र ख' या 'क्षेत्र ग' में स्थित केन्द्रीय सरकार के कार्यालयों के बीच पत्रादि हिन्दी या अंग्रेजी में हो सकते हैं परन्तु जहाँ ऐसे पत्रादि–

(i) 'क्षेत्र क' या 'क्षेत्र ख' के किसी कार्यालय को सम्वोधित हैं वहाँ, यदि आवश्यक हो तो, उनका दूसरी भाषा में अनुवाद पत्रादि प्राप्त करने के स्थान पर किया जाएगा;

(ii) 'क्षेत्र ग' में किसी कार्यालय को सम्बोधित हैं वहाँ उनका दूसरी भाषा में अनुवाद उनके साथ भेजा जाएगा।

5. हिन्दी में प्राप्त पत्रादि के उत्तर :

नियम 3 और नियम 4 में किसी बात के होते हुए भी, हिन्दी में पत्रादि के उत्तर केन्द्रीय सरकार के कार्यालय से हिन्दी में दिए जाएँगे।

6. हिन्दी और अंग्रेजी दोनों का प्रयोग :

अधिनियम की धारा 3 की उपधारा (3) में विनिर्दिष्ट सभी दस्तावेजों के लिए हिन्दी और अंग्रेजी दोनों का प्रयोग किया जाएगा और ऐसे दस्तावेजों पर हस्ताक्षर करने वाले व्यक्तियों का यह उत्तरदायित्व होगा कि वे वह सुनिश्चित कर लें कि ऐसी दस्तावेजें हिन्दी और अंग्रेजी दोनों ही में तैयार की जाती हैं, निष्पादित की जाती हैं और जारी की जाती हैं।

7. आवेदन, अभ्यावेदन आदि :

(1) कोई कर्मचारी आवेदन, अपील या अभ्यावेदन हिन्दी या अंग्रेजी में कर सकता है।

(2) जब उपनियम (1) में निर्दिष्ट कोई आवेदन, अपील या अभ्यावेदन हिन्दी में किया गया हो या उस पर हिन्दी में हस्ताक्षर किए गए हों तब उसका उत्तर हिन्दी में दिया जाएगा।

(3) यदि कोई कर्मचारी यह चाहता है कि सेवा सम्बन्धी विषयों (जिनके अन्तर्गत अनुशासनिक कार्यवाहियाँ भी हैं) से सम्बन्धित कोई आदेश या सूचना, जिसका कर्मचारी पर तामील किया जाना अपेक्षित है, यथास्थिति हिन्दी या अंग्रेजी में होनी चाहिए तो वह उसे असमय विलम्ब के बिना उसकी भाषा में दी जाएगी।

8. केन्द्रीय सरकार के कार्यालय में टिप्पणियों का लिखा जाना

(1) कोई कर्मचारी किसी फाइल पर टिप्पण या मसौदा हिन्दी या अंग्रेजी में लिख सकता है और उससे यह अपेक्षा नहीं की जाएगी कि वह उसका अनुवाद दूसरी भाषा में प्रस्तुत करे।

(2) केन्द्रीय सरकार का कोई भी कर्मचारी, जो हिन्दी का कार्यसाधक ज्ञान रखता है, हिन्दी में किसी दस्तावेज के अंग्रेजी अनुवाद की माँग तभी कर सकता है, जब वह दस्तावेज विधिक या तकनीकी प्रकृति का है, अन्यथा नहीं।

(3) यदि यह प्रश्न उठता है कि कोई विशिष्ट दस्तावेज विधि या तकनीकी प्रकृति का है या नहीं तो विभाग या कार्यालय का प्रधान उसका विनिश्चय करेगा।

(4) उपनियम (1) में किसी वात के होते हुए भी, केन्द्रीय सरकार, आदेश द्वारा ऐसे अधिसूचित कार्यालयों को विनिर्दिष्ट कर सकती है, जहाँ ऐसे कर्मचारियों द्वारा, जिन्हें हिन्दी में प्रवीणता प्राप्त है, टिप्पण, प्रारूपण और ऐसे अन्य शासकीय प्रयोजनों के लिए, जो आदेश में विनिर्दिष्ट किए जाएँ, केवल हिन्दी का प्रयोग किया जाएगा।

9. हिन्दी में प्रवीणता

यदि किसी कर्मचारी ने–

(क) मैट्रिक परीक्षा या उसकी समतुल्य या उससे उच्चतर कोई परीक्षा हिन्दी के माध्यम से उत्तीर्ण कर ली है; या

(ख) स्नातक परीक्षा में अथवा स्नातक परीक्षा की समतुल्य या उससे उच्चतर किसी अन्य परीक्षा में हिन्दी को जो एक वैकल्पिक विषय के रूप में लिया था; या

(ग) यदि वह इन नियमों से उपाबद्ध प्रारूप में यह घोषणा करता है कि उसे हिन्दी में प्रवीणता प्राप्त है, तो उसके बारे में यह समझा जाएगा कि उसने हिन्दी में प्रवीणता प्राप्त कर ली है।

10. हिन्दी का कार्यसाधक ज्ञान :

(1) (क) यदि किसी कर्मचारी ने—

(i) मैट्रिक परीक्षा या उसकी समतुल्य या उससे उच्चतर परीक्षा हिन्दी विषय के साथ उत्तीर्ण कर ली है; या

(ii) केन्द्रीय सरकार की हिन्दी प्रशिक्षण योजना के अन्तर्गत आयोजित प्राज्ञ परीक्षा या, जहाँ उस सरकार द्वारा किसी विशिष्ट प्रवर्ग के पदों के सम्बन्ध में उस योजना के अन्तर्गत कोई निम्नतर परीक्षा विनिर्दिष्ट है, जब वह परीक्षा उत्तीर्ण कर ली है; या

(iii) केन्द्रीय सरकार द्वारा उस निमित्त विनिर्दिष्ट कोई अन्य परीक्षा उत्तीण कर ली है; या

(ख) यदि वह इन नियमों से उपाबद्ध प्रारूप में यह घोषणा करता है कि उसने ऐसा ज्ञान प्राप्त कर लिया है, तो उसके बारे में यह समझा जाएगा कि उसने हिन्दी का कार्यसाधक ज्ञान प्राप्त कर लिया है।

(2) यदि केन्द्रीय सरकार के किसी कार्यालय में कार्य करने वाले कर्मचारियों में से अस्सी प्रतिशत ने हिन्दी का ऐसा ज्ञान प्राप्त कर लिया है तो उस कार्यालय के कर्मचारियों के बारे में सामान्यतया यह समझा जाएगा कि उसने हिन्दी का कार्यसाधक ज्ञान प्राप्त कर लिया है।

(3) केन्द्रीय सरकार या केन्द्रीय सरकार द्वारा इस निमित्त विनिर्दिष्ट कोई अधिकारी यह अवधारित कर सकता है कि केन्द्रीय सरकार के किसी कार्यालय के कर्मचारियों ने हिन्दी का कार्यसाधक ज्ञान प्राप्त कर लिया है या नहीं।

(4) केन्द्रीय सरकार के जिन कार्यालयों के कर्मचारियों ने हिन्दी का कार्यसाधक ज्ञान प्राप्त कर लिया है, उन कार्यालयों के नाम, राजपत्र में अधिसूचित किए जाएँगे।

परन्तु यदि केन्द्रीय सरकार की राय है कि किसी अधिसूचित कार्यालय में काम करने वाले और हिन्दी का कार्यसाधक ज्ञान रखने वाले कर्मचारियों का प्रतिशत किसी तारीख से उपनियम (2) में विनिर्दिष्ट प्रतिशत से कम हो गया है, तो वह, राजपत्र में अधिसूचना द्वारा घोषित कर सकती है कि उक्त कार्यालय उस तारीख से अधिसूचित कार्यालय नहीं रह जाएगा।

11. मैन्युअल, संहिताएँ और प्रक्रिया सम्बन्धी अन्य साहित्य, लेखन सामग्री आदि :

(1) केन्द्रीय सरकार के कार्यालयों से सम्बन्धित सभी मैन्युअल, संहिताएँ और प्रक्रिया सम्बन्धी अन्य साहित्य हिन्दी और अंग्रेजी में द्विभाषीय रूप में यथास्थिति, मुद्रित या साइक्लोस्टाइल किया जाएगा और प्रकाशित किया जाएगा।

(2) केन्द्रीय सरकार के किसी कार्यालय में प्रयोग किए जाने वाले रजिस्टरों के प्रारूप और शीर्षक हिन्दी और अंग्रेजी में होंगे।

(3) केन्द्रीय सरकार के किसी कार्यालय में प्रयोग के लिए सभी नामपट्ट सूचना पट्ट, पत्र शीर्ष और लिफाफों पर उत्कीर्ण लेख तथा लेखन सामग्री की अन्य मदें हिन्दी और अंग्रेजी में लिखी जाएँगी, मुद्रित या उत्कीर्ण होंगी :

परन्तु यदि केन्द्रीय सरकार ऐसा करना आवश्यक समझती है तो वह, साधारण या विशेष आदेश द्वारा केन्द्रीय सरकार के किसी कार्यालय को इस नियम के सभी या किन्हीं उपबन्धों से छूट दे सकती है।

12. अनुपालन का उत्तरदायित्व :

(1) केन्द्रीय सरकार के प्रत्येक कार्यालय के प्रशासनिक प्रधान का यह उत्तरदायित्व होगा कि वह–

(i) यह सुनिश्चित करें कि अधिनियम और इन नियमों के उपबन्धों का समुचित रूप से अनुपालन हो रहा है; और

(ii) इस प्रयोजन के लिए उपयुक्त और प्रभावकारी जाँच के लिए उपाय करें।

(2) केन्द्रीय सरकार अधिनियम और इन नियमों के उपबन्धों के सम्यक् अनुपालन के लिए अपने कर्मचारियों और कार्यालयों को समय-समय पर आवश्यक निर्देश जारी कर सकती है।

राजभाषा नियम 1976 की विशिष्टताएँ

1. राजभाषा नियम 1976 के अन्तर्गत कुल बारह नियम बनाए गए हैं। ये नियम तमिलनाडु राज्य पर लागू नहीं होते। अर्थात् तमिलनाडु राज्य को छोड़कर देश के अन्य सभी राज्यों पर समान रूप से ये नियम लागू होते हैं।
2. राजभाषा नियम 1976 के अन्तर्गत हिन्दी के प्रगामी प्रयोग को प्रभावी ढंग से लागू करने के उद्देश्य से पूरे भारत को तीन क्षेत्रों में बाँटा गया है। यथा : क्षेत्र–'क', क्षेत्र–'ख', तथा क्षेत्र–'ग',

(Region 'A', Region 'B' & Region 'C')

क्षेत्र 'क' के अन्तर्गत समस्त हिन्दी भाषी राज्य एवं संघ राज्यक्षेत्र का समावेश है। यथा–बिहार, हरियाणा, हिमाचल प्रदेश, मध्य प्रदेश, राजस्थान तथा उत्तर प्रदेश राज्य और दिल्ली एवं अंडमान निकोबार द्वीप समूह।

क्षेत्र 'ख' के अन्तर्गत गुजरात, महाराष्ट्र तथा पंजाब राज्य और चंडीगढ़ संघ राज्यक्षेत्र शामिल हैं।

क्षेत्र 'ग' के अन्तर्गत वे राज्य तथा संघ राज्यक्षेत्र आते हैं जो क्षेत्र 'क' और क्षेत्र 'ख' में शामिल नहीं हैं।

3. राजभाषा नियम 1976 में हिन्दी पत्राचार के बारे में स्पष्ट दिशा निर्देश दिए गए हैं।
4. राजभाषा नियम 1976 के नियम 5 के अन्तर्गत एक अत्यन्त महत्त्वपूर्ण प्रावधान यह किया गया है कि हिन्दी में प्राप्त पत्रों के उत्तर अनिवार्य रूप से हिन्दी में ही देना होगा चाहे वह पत्र किसी भी राज्य सरकार या व्यक्ति विशेष से आया हो। इस नियम से किसी को भी किसी भी प्रकार की छूट नहीं दी गई है।
5. नियम 5 के अनुसार यह प्रावधान किया गया है कि सरकारी कार्यालय से जारी होने वाले परिपत्र, प्रशासनिक रिपोर्ट, कार्यालय आदेश, अधिसूचना, करार, संधियों, विज्ञापन तथा निविदा सूचना आदि अनिवार्य रूप से हिन्दी-अंग्रेजी द्विभाषी रूप में जारी किए जाएँगे और ऐसे दस्तावेजों पर हस्ताक्षर करने वाले अधिकारी की यह जिम्मेदारी होगी कि वह यह सुनिश्चित कर लें कि ऐसे दस्तावेज हिन्दी और अंग्रेजी द्विभाषी रूप में जारी किए जा रहे हैं।
6. इन नियमों में यह भी प्रावधान है कि कोई भी कर्मचारी हिन्दी या अंग्रेजी में आवेदन या अभ्यावेदन दे सकता है।
7. केन्द्रीय सरकार का कोई अधिकारी अथवा कर्मचारी फाइलों में टिप्पणी का प्रारूप हिन्दी या अंग्रेजी में लिख सकता है। उससे यह अपेक्षा नहीं की जा सकती कि वह उसका अनुवाद दूसरी भाषा में प्रस्तुत करे।
8. राजभाषा नियम 1976 के नियम 12 में अत्यन्त महत्त्वपूर्ण प्रावधान यह है कि प्रत्येक केन्द्रीय सरकार के कार्यालय के प्रशासनिक प्रधान का यह उत्तरदायित्व होगा कि वह यह सुनिश्चित करे कि राजभाषा अधिनियम एवं राजभाषा नियमों के उपबन्धों का समुचित पालन किया जा रहा है। और, इनके सुनिश्चित अनुपालन के लिए प्रभावकारी जाँच विन्दु (Check Point) निर्धारित करे।
9. संक्षेप में कहा जा सकता है कि राजभाषा नियम 1976 से राजभाषा हिन्दी प्रगामी प्रयोग में काफी मात्रा में गति आई तथा केन्द्रीय सरकार के कर्मचारियों को भी हिन्दी में काम-काज करने में निश्चित रूप से प्रोत्साहन भी मिला।

राजभाषा हिन्दी के प्रगामी प्रयोग से सम्बन्धित राष्ट्रपति के आदेश

भारतीय संविधान में राजभाषा के बारे में किए गए प्रावधानों के अन्तर्गत संघ की राजभाषा के रूप में हिन्दी के प्रगामी प्रयोग से सम्बन्धित राष्ट्रपति ने सन् 1952, 1955 तथा 1960 में आदेश निकाले हैं।

(अ) राष्ट्रपति का आदेश 1952

भारत के संविधान के अनुच्छेद 343 के खण्ड (2) के द्वारा दी गई शक्तियों का प्रयोग करते हुए 27 मई, 1952 को राष्ट्रपति ने अंग्रेजी भाषा के अतिरिक्त हिन्दी भाषा का और भारतीय अंकों के अन्तर्राष्ट्रीय स्वरूप के अतिरिक्त हिन्दी भाषा का प्रयोग किए जाने का प्रावधान किया गय :

(1) जनता के साथ पत्र-व्यवहार।
(2) प्रशासनिक रिपोर्टें, राजकीय पत्रिकाएँ और संसद को दी जाने वाली रिपोर्ट।
(3) सरकारी संकल्प और विधायी अधिनियमितियाँ।
(4) जिन राज्य सरकारों ने अपनी राजभाषा के रूप में हिन्दी को अपना लिया है उनसे पत्र-व्यवहार।
(5) संधियाँ और करार।
(6) अन्य देशों की सरकारों और उनके दूतों तथा अन्तर्राष्ट्रीय संगठनों से पत्र-व्यवहार।
(7) राजनयिक और कौंसलीय पदाधिकारियों और अन्तर्राष्ट्रीय संगठनों में भारतीय प्रतिनिधियों के नाम जारी किए जाने वाले औपचारिक दस्तावेज।

(आ) राष्ट्रपति का आदेश : 3 दिसंबर, 1955

राष्ट्रपति ने 'संविधान (सरकारी प्रयोजनों के लिए हिंदी भाषा) आदेश, 1955, नामक एक अन्य आदेश जारी किया जिसमें संघ के निम्नलिखित सरकारी प्रयोजनों के लिए अंग्रेजी भाषा के अतिरिक्त हिंदी के प्रयोग को प्राधिकृत किया गया–

(1) जनता के साथ पत्र-व्यवहार।
(2) प्रशासनिक रिपोर्टें, सरकारी पत्रिकाएँ और संसद में प्रस्तुत की जाने वाली रिपोर्ट।
(3) सरकारी संकल्प और विधायी अधिनियमितियाँ।
(4) जिन राज्य सरकारों ने हिंदी को अपनी राजभाषा के रूप में अपना लिया है, उनसे पत्र-व्यवहार।
(5) संधियाँ और करार।
(6) अन्य देशों की सरकारों ओर उनके दूतों और अंतर्राष्ट्रीय संगठनों के साथ-पत्र-व्यवहार।
(7) राजनयिक ओर कौंसलीय पदाधिकारियों और अंतर्राष्ट्रीय संगठनों में भारतीय प्रतिनिधियों के नाम जारी किये जाने वाले औपचारिक दस्तावेज।

राजभाषा के प्रयोग से संबंधित राष्ट्रपति के आदेश

- **27 मई, 1952**
  - राज्य के राज्यपालों के नियुक्ति अधिपत्रों में हिन्दी का प्रयोग प्राधिकृत
  - उच्चतम न्यायालय के न्यायाधीशों के नियुक्ति अधिपत्रों में हिन्दी का प्रयोग प्राधिकृत
  - उच्च न्यायलय के न्यायाधीशों के नियुक्ति अधिपत्रों में हिन्दी का प्रयोग प्राधिकृत
- **3 दिसम्बर, 1955**
  - हिन्दी में प्राप्त पत्रों का उत्तर हिन्दी में देना
  - प्रशासनिक रिपोर्ट आदि द्विभाषिक रूप में जारी करना
  - संकल्पों आदि को द्विभाषिक रूप में जारी करना
- **27 अप्रैल, 1960**
  - समन्वित योजना के अन्तर्गत सामासिक संस्कृति का विकास
  - प्रादेशिक भाषाओं को उचित स्थान देना
  - हिन्दी मुख्य राज भाषा
  - सरकारी कार्या- लयों को हिन्दी प्रशिक्षण अनि- वार्यता देना
  - प्रशिक्षण संस्थानों में हिन्दी का प्रयोग सरल शब्दावली का प्रयोग

राजभाषा आयोग

राजभाषा आयोग के गठन का आदेश : दिनांक 7 जून, 1955

संविधान के अनुच्छेद 344 (1) के अनुसरण में सन् 1955 में राजभाषा आयोग की नियुक्ति की गयी। पहली बैठक 15-7-1955 को हुई। 930 व्यक्तियों की गवाहियाँ ली गयीं। आयोग की 76 बैठकें हुई। प्रतिवेदन 1956 में दिया गया। राजभाषा आयोग की सिफ़ारिशों की जाँच करने के लिए संविधान के अनुच्छेद 344 के खंड (4) के अनुसार लोकसभा के 20 सदस्यों और राज्यसभा के 10 सदस्यों की समिति गठित की गयी। आयोग ने अपना प्रतिवेदन सन् 1957 में प्रस्तुत किया जिस पर संसदीय समिति ने 1957 से विचार किया। समिति की 26 बैठकें हुईं। सन् 1960 में कोई आयोग गठित नहीं किया गया।

राजभाषा आयोग की रिपोर्ट के फलस्वरूप हिंदी के पक्ष तथा विपक्ष में जितना लिखा गया, संभवतः उतना किसी अन्य मामले पर नहीं। आयोग को 1094 लिखित उत्तर/ ज्ञापन प्राप्त हुए। आयोग की रिपोर्ट में विसम्मतियाँ भी लगी हुई हैं। आयोग की रिपोर्ट तथा सिफ़ारिशों पर विचार करने के लिए दिनांक 3-9-1957 को गठित संसदीय समिति की प्रथम बैठक 16-11-1957 को हुई और अंतिम बैठक दिनांक 28-11-58 को हुई। समिति ने अपनी रिपोर्ट दिनांक 8-2-1959 को प्रस्तुत की।

अंग्रेजी से हिंदी के परिवर्तन की प्रक्रिया कैसी हो, इस पर बड़े स्पष्ट विचार संसदीय समिति ने प्रस्तुत किये। भाषायी परिवर्तन एकसाथ करना असंभव था, यह एक चरणबद्ध प्रोग्रम के अनुसार ही किया जा सकता था और यही किया भी गया। "पहले चरण में, प्रारंभिक उपायों को पूरा करने पर जोर दिया गया, क्योंकि इससे संघ के सरकारी कामकाज में हिंदी का प्रयोग करने में सुविधा रहती।" (पृ. 13, पैरा 23)

समिति ने भाषायी परिवर्तन के सहज रूप की ओर पैरा सं. 24 में ध्यान दिलाया। समिति अंग्रेजी के जाने से उत्पन्न रिक्तता की ओर भी सतर्क थी (पृ. 10, पैरा 17), फिर भी समिति का इस मामले में बड़ा पक्का विचार था कि, "किसी प्रजातंत्रात्मक सरकार के लिए अनिश्चित काल तक अपना कामकाज ऐसी भाषा में चलाना संभव नहीं है, जिसे देश में कुछ लोग ही समझते हों।" (पृ. 8, पैरा 16 से)

समिति की रिपोर्ट पर संसद में लोकसभा 2-4 सितंबर, 1959 तथा राज्यसभा 8-9 सितंबर, 1959 को चर्चा हुई। प्रधानमंत्री ने चर्चा में भाग लेते हुए दिनांक 4-9-1959 की भाषण दिया। यहाँ यह उल्लेखनीय है कि इससे पूर्व फ्रैंक एन्थेनी

ने संविधान को अष्टम अनुसूची में अंग्रेजी को सम्मिलित करने के लिए संसद में एक बिल रखा था जिस पर गर्मागरम बहस हुई। अंततः इस आश्वासन पर कि नेहरूजी इस पर अपने विचार व्यक्त करेंगे, एन्थेनी ने बिल वापस ले लिया। नेहरूजी ने अंग्रेजी की पर्याप्त प्रशंसा करते हुए भी स्पष्ट शब्दों में घोषणा की कि "अंग्रेजी निश्चय ही एक थोपी गयी भाषा है। इसने हमारे लिए ज्ञान-विज्ञान की खिड़कियाँ जरूर खोलीं और हमें बहुत कुछ ज्ञान दिया भी, पर इस पर एक ऐसी भाषा होने का लांछन भी है जो हमारी अपनी भाषाओं और हमारी सांस्कृतिक परंपराओं के ऊपर जमकर बैठ गयी है।"

इन बहसों के परिप्रेक्ष्य में राष्ट्रपति ने अप्रैल, 1960 में आदेश जारी किया।

(इ) राष्ट्रपति का आदेश 1960

संसदीय राजभाषा समिति सिफारिशों को ध्यान में रखते हुए राष्ट्रपति ने संविधान के अनुच्छेद 344 खण्ड (6) के अन्तर्गत प्रदत्त शक्तियों का प्रयोग करते हुए केन्द्रीय सरकार के कार्यालयों के कामकाज में हिन्दी को प्रस्थापित किए जाने के उद्देश्य से 27 अप्रैल, 1960 को एक आदेश जारी किया। इस आदेश में निम्नलिखित प्रमुख निर्देशों का समावेश है:

1. शब्दावली : आयोग की जिन मुख्य सिफारिशों को समिति ने मान लिया वे ये हैं : (i) शब्दावली तैयार करने में मुख्य लक्ष्य, उसकी स्पष्टता, यथार्थता और सरलता चाहिए; (ii) अन्तर्राष्ट्रीय शब्दावली अपनाई जाए या जहाँ भी आवश्यक हो, अनुकूलन कर दिया जाए; (iii) सब भारतीय भाषाओं के लिए शब्दावली का विकास करते समय लक्ष्य यह होना चाहिए कि उसमें जहाँ तक हो सके अधिकतम एकरूपता हो; और (iv) हिन्दी और अन्य भारतीय भाषाओं की शब्दावली के विकास के लिए जो प्रयत्न केन्द्र और राज्यों में हो रहे हैं उनमें समन्वय स्थापित करने के लिए समुचित प्रबन्ध किए जाने चाहिए। इसके अतिरिक्त समिति का मत है कि विज्ञान और प्रौद्योगिकी के क्षेत्र में सब भारतीय भाषाओं में जहाँ तक हो सके एकरूपता होनी चाहिए और शब्दावली लगभग अंग्रेजी या अन्तर्राष्ट्रीय शब्दावली जैसी नहीं चाहिए। इस दृष्टि से समिति ने यह सुझाव दिया है कि इस क्षेत्र में विभिन्न संस्थाओं द्वारा किए गए काम में समन्वय स्थापित करने और उसकी देखरेख के लिए और सब भारतीय भाषाओं में प्रयोग में लाने की दृष्टि से एक प्रामाणिक शब्दकोश निकालने के लिए एक ऐसा स्थायी आयोग कायम किया जाए, जिसके सदस्य मुख्यतः वैज्ञानिक और प्रौद्योगिकीविद् हों।

1. शिक्षा मंत्रालय निम्नलिखित विषय में कार्रवाई करे : (क) अब तक किए काम पर पुनर्विचार और समिति द्वारा स्वीकृत सामान्य सिद्धान्तों के अनुकूल

शब्दावली का विकास, विज्ञान और प्रौद्योगिकी के क्षेत्र में वे शब्द, जिनका प्रयोग अन्तर्राष्ट्रीय क्षेत्र में होता है, कम-से-कम परिवर्तन के साथ अपना लिए जाएँ, अर्थात् मूल शब्द वे होने चाहिए जो कि आजकल अन्तर्राष्ट्रीय शब्दावली में काम आते हैं। उनसे व्युत्पन्न शब्दों का जहाँ भी आवश्यक हो भारतीयकरण किया जा सकता है;

(ख) शब्दावली तैयार करने के काम में समन्वय स्थापित करने के लिए प्रबन्ध करने के विषय में सुझाव देना; और

(ग) विज्ञान और तकनीकी शब्दावली के विकास के लिए समिति के सुझाव के अनुसार स्थायी आयोग का निर्माण।

2. प्रशासनिक संहिताओं और अन्य कार्यविधि साहित्य का अनुवाद : इस आवश्यकता को दृष्टि में रखकर कि संहिताओं और अन्य कार्यविधि साहित्य के अनुवाद में प्रयुक्त भाषा में किसी हद तक एकरूपता होनी चाहिए, समिति ने आयोग की यह सिफारिश मान ली है कि यह सारा काम एक अभिकरण को सौंप दिया जाए।

शिक्षा मंत्रालय सांविधिक नियमों, विनियमों और आदेशों के अलावा बाकी सब संहिताओं और अन्य कार्यविधि साहित्य का अनुवाद करे। सांविधिक नियमों, विनियमों और आदेशों का अनुवाद संविधियों के साथ अनुवाद के साथ घनिष्ठ रूप से सम्बद्ध है, इसलिए यह काम विधि मंत्रालय करे। इस बात का पूरा प्रयत्न होना चाहिए कि सब भारतीय भाषाओं में इन अनुवादों की शब्दावली में जहाँ तक हो सके एकरूपता रखी जाए।

3. प्रशासनिक कर्मचारी वर्ग को हिन्दी का प्रशिक्षण : (क) समिति द्वारा अभिव्यक्त मत के अनुसार 45 वर्ष से कम आयु वाले सब केन्द्रीय कर्मचारियों के लिए सेवा-कालीन हिन्दी प्रशिक्षण प्राप्त करना अनिवार्य कर दिया जाना चाहिए। तृतीय श्रेणी के ग्रेड से नीचे के कर्मचारियों और औद्योगिक संस्थाओं और कार्य-प्रभारित कर्मचारियों के सम्बन्ध में यह बात लागू न होगी। इस योजना के अन्तर्गत नियत तारीख तक विहित योग्यता प्राप्त कर सकने के लिए कर्मचारी को कोई दंड नहीं दिया जाना चाहिए। हिन्दी भाषा की पढ़ाई के लिए सुविधाएँ प्रशिक्षणार्थियों को मुफ्त मिलती रहनी चाहिए।

(ख) गृह मंत्रालय उन टाइपकारों और आशुलिपिकों को हिन्दी टाइप-राइटिंग और आशुलिपि का प्रशिक्षण देने के लिए आवश्यक प्रबन्ध करे जो केन्द्रीय सरकार की नौकरी में हैं।

(ग) शिक्षा मंत्रालय हिन्दी टाइपराइटरों के मानकी की-बोर्ड (कुंजी पटल) के विकास के लिए शीघ्र कदम उठाए।

4. हिन्दी प्रचार : (क) आयोग की इस सिफारिश से कि यह काम करने

की जिम्मेदारी अब सरकार उठाए, समिति सहमत हो गई है। जिन क्षेत्रों में प्रभावी रूप से काम करने वाली गैर-सरकारी संस्थाएँ पहले से ही विद्यमान हैं उनमें उन संस्थाओं को वित्तीय और अन्य प्रकार की सहायता दी जाए और जहाँ ऐसी संस्थाएँ नहीं हैं, वहाँ सरकार आवश्यक संगठन कायम करे।

शिक्षा मंत्रालय इस बात की समीक्षा करे कि हिन्दी प्रचार के लिए जो वर्तमान व्यवस्था है वह कैसी चल रही है। साथ ही वह समिति द्वारा सुझाई गई दिशाओं में आगे कार्रवाई करे।

(ख) शिक्षा मंत्रालय और वैज्ञानिक अनुसंधान और सांस्कृतिक कार्य मंत्रालय परस्पर मिलकर भारतीय भाषाविज्ञान, भाषाशास्त्र और साहित्य सम्बन्धी अध्ययन और अनुसंधान को प्रोत्साहन देने के लिए समिति द्वारा सुझाये गए तरीके से आवश्यक कार्रवाई करें और विभिन्न भारतीय भाषाओं को परस्पर निकट लाने के लिए और अनुच्छेद 351 में दिए गए निर्देश के अनुसार हिन्दी का विकास करने के लिए आवश्यक योजना तैयार करें।

5. केन्द्रीय सरकारी विभाग के स्थानीय कार्यालयों के लिए भर्ती–(क) समिति की राय है कि केन्द्रीय सरकारी विभागों के स्थानीय कार्यालय अपने आन्तरिक कामकाज के लिए हिन्दी का प्रयोग करें और जनता के साथ पत्र-व्यवहार में उन प्रदेशों की प्रादेशिक भाषाओं का प्रयोग करें।

अपने स्थानीय कार्यालयों में अंग्रेजी के अतिरिक्त हिन्दी का उत्तरोत्तर अधिक प्रयोग करने के वास्ते योजना तैयार करने में केन्द्रीय सरकारी विभाग इस आवश्यकता को ध्यान में रखें कि यथासम्भव अधिक-से-अधिक मात्रा में प्रादेशिक भाषाओं में फार्म और विभागीय साहित्य उपलब्ध कराकर वहाँ की जनता को पूरी सुविधाएँ प्रदान की जानी चाहिए।

(ख) समिति की राय है कि केन्द्रीय सरकार के प्रशासनिक अभिकरणों और विभागों में कर्मचारियों की वर्तमान व्यवस्था पर पुनर्विचार किया जाए, और कर्मचारियों का प्रादेशिक आधार पर विकेन्द्रीकरण कर दिया जाए; इसके लिए भर्ती के तरीकों और अर्हताओं में उपयुक्त संशोधन करना होगा।

स्थानीय कार्यालयों में जिन कोटियों के पदों पर कार्य करने वालों की बदली मामूली तौर पर प्रदेश के बाहर नहीं होती उन कोटियों के सम्बन्ध में यह सुझाव, कोई अधिवास सम्बन्धी प्रतिबन्ध लगाए बिना, सिद्धांततः मान लिया जाना चाहिए।

(ग) समिति आयोग की इस सिफारिश से सहमत है कि केन्द्रीय सरकार के लिए वह विहित कर देना न्यायसम्मत होगा कि उसकी नौकरियों में लगने के लिए एक अर्हता यह भी होगी कि उम्मीदवार को हिन्दी भाषा का सम्यक ज्ञान हो। पर ऐसा तभी किया जाना चाहिए जबकि इसके लिए काफी पहले से सूचना दे दी गई हो और भाषा-योग्यता का विहित स्तर मामूली हो और इस बारे में जो भी कमी

हो उसे सेवाकालीन प्रशिक्षण द्वारा पूरा किया जा सकता हो।

यह सिफारिश अभी हिन्दी-भाषी क्षेत्रों के केन्द्रीय सरकारी विभागों में ही कार्यान्वित की जाए, हिन्दीतर भाषा-भाषी क्षेत्रों के स्थानीय कार्यालयों में नहीं।

(क), (ख) और (ग) में दिए गए निर्देश भारतीय लेखा परीक्षा और लेखा विभाग के अधीन कार्यालयों के सम्बन्ध में लागू न होंगे।

6. प्रशिक्षण संस्थान : (क) समिति ने यह सुझाव दिया है कि नेशनल डिफेन्स एकेडमी जैसे प्रशिक्षण संस्थानों में शिक्षा का माध्यम अंग्रेजी ही वना रहे किन्तु शिक्षा सम्बन्धी कुछ या सभी प्रयोजनों के लिए माध्यम के रूप में हिन्दी का प्रयोग शुरू करने के लिए उचित कदम उठाए जाएँ।

रक्षा मंत्रालय अनुदेश पुस्तिकाओं इत्यादि के हिन्दी प्रकाशन आदि के रूप में समुचित प्रारम्भिक कार्रवाई करे, ताकि जहाँ भी व्यवहार्य हो वहाँ शिक्षा के माध्यम के रूप में हिन्दी का प्रयोग सुगम हो जाए।

(ख) समिति ने सुझाव दिया कि प्रशिक्षण संस्थानों में प्रवेश के लिए अंग्रेजी और हिन्दी दोनों ही परीक्षा के माध्यम हों, किन्तु परीक्षार्थियों को यह विकल्प रहे कि वे सब या कुछ परीक्षा-पत्रों के लिए उनमें से किसी एक भाषा को चुन ले और एक विशेष समिति यह जाँच करने के लिए नियुक्त की जाए कि नियत कोटा प्रणाली अपनाए बिना प्रादेशिक भाषाओं का प्रयोग परीक्षा के माध्यम के रूप में कहाँ तक शुरू किया जा सकता है।

रक्षा मंत्रालय को चाहिए कि वह प्रवेश परीक्षाओं में वैकल्पिक माध्यम के रूप में हिन्दी का प्रयोग शुरू करने के लिए आवश्यक कार्रवाई करे और कोई नियत कोटा प्रणाली अपनाए बिना परीक्षा के माध्यम के रूप में प्रादेशिक भाषाओं का प्रयोग आरम्भ करने के प्रश्न पर विचार करने के लिए एक विशेषज्ञ समिति नियुक्त करे।

7. अखिल भारतीय सेवाओं और उच्चतर केन्द्रीय सेवाओं में भर्ती : (क) परीक्षा का माध्यम : समिति की राय है कि (i) परीक्षा का माध्यम अंग्रेजी बना रहे और कुछ समय पश्चात् हिन्दी वैकल्पिक माध्यम के रूप में अपना ली जाए। उसके बाद जब तक आवश्यक हो अंग्रेजी और हिन्दी दोनों ही परीक्षार्थी से विकल्पानुसार परीक्षा के माध्यम के रूप में अपनाने की छूट हो; और (ii) किसी प्रकार की नियत कोटाप्रणाली अपनाए बिना परीक्षा के माध्यम के रूप में विभिन्न प्रादेशिक भाषाओं का प्रयोग शुरू करने की व्यवहार्यता की जाँच करने के लिए एक विशेषज्ञ समिति नियुक्त की जाए।

कुछ समय के पश्चात् वैकल्पिक माध्यम के रूप में हिन्दी का प्रयोग शुरू करने के लिए संघ लोक सेवा आयोग के साथ परामर्श करके गृह मंत्रालय आवश्यक कार्रवाई करे। वैकल्पिक माध्यम के रूप में विभिन्न प्रादेशिक भाषाओं का प्रयोग

करने से गम्भीर कठिनाइयाँ पैदा होने की सम्भावना है, इसलिए वैकल्पिक माध्यम के रूप में विभिन्न प्रादेशिक भाषाओं का प्रयोग शुरू करने की व्यवहार्यता की जाँच करने के लिए विशेषज्ञ समिति नियुक्त करना आवश्यक नहीं है।

(ख) **भाषा विषयक प्रश्न-पत्र**–समिति की राय है। कि सम्यक् सूचना के बाद समान स्तर के दो अनिवार्य प्रश्न-पत्र होने चाहिए जिनमें से एक हिन्दी और दूसरा हिन्दी से भिन्न किसी भारतीय भाषा का होना चाहिए और परीक्षार्थी को यह स्वतंत्रता होनी चाहिए कि वह इनमें से किसी एक को चुन ले।

अभी केवल एक ऐच्छिक हिन्दी परीक्षा-पत्र शुरू किया जाए। प्रतियोगिता के फल पर चुने गए जो परीक्षार्थी इस परीक्षा-पत्र में उत्तीर्ण हो गए हों, उन्हें भर्ती के बाद जो विभागीय हिन्दी परीक्षा देनी होती है, उसमें बैठने और उसमें उत्तीर्ण होने की शर्त से छूट दी जाए।

8. अंक : जैसा कि समिति का सुझाव है, केन्द्रीय मंत्रालयों के हिन्दी प्रकाशनों में अन्तर्राष्ट्रीय अंकों के अतिरिक्त देवनागरी अंकों के सम्बन्ध में एक आधारभूत नीति अपनाई जाए, जिसका निर्धारण इस आधार पर किया जाए कि वे प्रकाशन किस प्रकार की जनता के लिए हैं और उसकी विषयवस्तु क्या है। वैज्ञानिक, औद्योगिकीय और सांख्यिकीय प्रकाशनों में, जिसमें केन्द्रीय सरकार का बजट सम्बन्धी साहित्य भी शामिल है, बराबर अन्तर्राष्ट्रीय अंकों का प्रयोग किया जाए।

9. अधिनियमों, विधेयकों इत्यादि की भाषा–(क) समिति ने राय दी है कि संसदीय विधियाँ अंग्रेजी में बनती रहें किन्तु उनका प्रामाणिक हिन्दी अनुवाद उपलब्ध कराया जाए।

संसदीय विधियाँ अंग्रेजी में बनती रहें पर उसके प्रामाणिक हिन्दी अनुवाद की व्यवस्था करने के वास्ते विधि मंत्रालय आवश्यक विधेयक उचित समय पर पेश करे। संसदीय विधियों का प्रादेशिक भाषाओं में अनुवाद कराने का प्रबन्ध भी विधि मंत्रालय करे।

(ख) समिति ने राय जाहिर की है जहाँ राज्य विधान-मंडल में पेश किए गए विधेयकों या पास किए गए अधिनियमों का मूल पाठ हिन्दी से भिन्न किसी भाषा में है, वहाँ अनुच्छेद 348 के खण्ड (3) के अनुसार अंग्रेजी अनुवाद के अलावा उसका हिन्दी अनुवाद भी प्रकाशित किया जाए।

राज्य की राजभाषा में पाठ के साथ-साथ राज्य विधेयकों, अधिनियमों और अन्य सांविधिक लिखतों के हिन्दी अनुवाद के प्रकाशन के लिए आवश्यक विधेयक उचित समय पर पेश किया जाए।

10. उच्चतम न्यायालय और उच्च न्यायालय की भाषा : राजभाषा आयोग ने सिफारिश की थी कि जहाँ तक उच्चतम न्यायालय की भाषा का सवाल है उसकी

भाषा इस परिवर्तन का समय आने पर अन्ततः हिन्दी होनी चाहिए। समिति ने यह सिफारिश मान ली है।

आयोग ने उच्च न्यायालयों की भाषा के विषय में प्रादेशिक भाषाओं और हिन्दी के पक्ष-विपक्ष में विचार किया और सिफारिश की कि जब भी इस परिवर्तन का समय आए, उच्च न्यायालयों के निर्णयों, आज्ञप्तियों (डिक्रियों) और आदेशों की भाषा सब प्रदेशों में हिन्दी होनी चाहिए, किन्तु समिति की राय है कि राष्ट्रपति की पूर्व सम्मति से आवश्यक विधेयक पेश करके यह व्यवस्था करने की गुंजाइश रहे कि उच्च न्यायालयों के निर्णयों, आज्ञप्तियों (डिक्रियों) और आदेशों के लिए उच्च न्यायालय में हिन्दी और राज्यों की राजभाषाएँ विकल्पतः प्रयोग में लाई जा सकेंगी।

समिति की यह राय है कि उच्चतम न्यायालय अन्ततः अपना सब काम हिन्दी में करें यह सिद्धान्त रूप में स्वीकार्य है और इसके सम्बन्ध में समुचित कार्रवाई उसी समय अपेक्षित होगी जबकि इस परिवर्तन के लिए समय आ जाएगा।

जैसा कि आयोग की सिफारिश की तरमीम करते हुए समिति ने सुझाव दिया है, उच्च न्यायालयों की भाषा के विषय में यह व्यवस्था करने के लिए आवश्यक विधेयक विधि मंत्रालय उचित समय पर राष्ट्रपति की पूर्व सम्मति से पेश करे कि निर्णयों, आज्ञप्तियों (डिक्रियों) और आदेशों के प्रयोजनों के लिए हिन्दी और राज्यों की राजभाषाओं का प्रयोग विकल्पतः किया जा सकेगा।

11. विधि क्षेत्र में हिंदी में काम करने के लिए आवश्यक प्रारंभिक कदम : मानक विधि शब्दकोश तैयार करने, केन्द्र तथा राज्य के विधान निर्माण से सम्बन्धित सांविधिक ग्रन्थ का अधिनियम करने, विधि शब्दावली तैयार करने की योजना बनाने और जिस संक्रमण काल में सांविधिक ग्रन्थ और साथ ही निर्णय-विधि अंशतः हिन्दी और अंग्रेज़ी में होंगे, इस अवधि में प्रारम्भिक कदम उठाने के बारे में आयोग ने जो सिफारिश की थी उन्हें समिति ने मान लिया है। साथ ही समिति ने यह सुझाव भी दिया है कि संविधियों के अनुवाद और विधि शब्दावली तथा कोशों से सम्बन्धित सम्पूर्ण कार्यक्रम की समुचित योजना बनाने और उसे कार्यान्वित करने के लिए भारत की विभिन्न राष्ट्रभाषाओं का प्रतिनिधित्व करने वाले विशेषज्ञों का एक स्थायी आयोग या इस प्रकार कोई उच्च स्तरीय निकाय बनाया जाए। समिति ने यह राय भी जाहिर की है कि राज्य सरकारों को परामर्श दिया जाए कि वे भी केन्द्रीय सरकार से राय लेकर इस सम्बन्ध में आवश्यक कार्रवाई करे।

समिति के सुझाव को दृष्टि में रखकर विधि मंत्रालय (यथासम्भव सब भारतीय भाषाओं में प्रयोग के लिए) सर्वमान्य विधि शब्दावली की तैयारी और संविधियों के हिन्दी में अनुवाद सम्बन्धी पूरे काम के लिए समुचित योजना बनाने

और पूरा करने के लिए विधि विशेषज्ञों के एक स्थायी आयोग का निर्माण करे।

12. हिन्दी के प्रगामी प्रयोग के लिए योजना का कार्यक्रम : समिति ने यह सुझाव दिया है कि संघ की राजभाषा के रूप में हिन्दी के प्रगामी प्रयोग की योजना संघ सरकार बनाए और कार्यान्वित करे। संघ के राजकीय प्रयोजनों में से किसी के लिए अंग्रेजी के प्रयोग पर इस समय कोई रोक न लगाई जाए।

तदनुसार गृह मंत्रालय एक योजना कार्यक्रम तैयार करे और उसे अमल में लाने के सम्बन्ध में आवश्यक कार्रवाई करे। इस योजना का उद्देश्य होगा संघीय प्रशासन में बिना कठिनाई के हिन्दी के प्रगामी प्रयोग के लिए प्रारम्भिक कदम उठाना और संविधान के अनुच्छेद के 343 खण्ड (2) में किए गए उपबंध के अनुसार संघ के विभिन्न कार्यों में अंग्रेजी के साथ-साथ हिन्दी के प्रयोग को बढ़ावा देना, अंग्रेजी के अतिरिक्त हिन्दी का प्रयोग कहाँ तक किया जा सकता है यह बात इन प्रारम्भिक कार्रवाइयों की सफलता पर बहुत कुछ निर्भर करेगी। इस बीच प्राप्त अनुभव के आधार पर अंग्रेजी के अतिरिक्त हिन्दी के वास्तविक प्रयोग की योजना पर समय-समय पर पुनर्विचार और उसमें हेर-फेर करना होगा।

राजभाषा संकल्प 1968

राजभाषा के रूप में हिन्दी के प्रगामी प्रयोग को सुनिश्चित करने तथा संविधान की अष्टम अनुसूची में उल्लिखित पंद्रह (अब 17) भारतीय भाषाओं के विकास हेतु भारतीय संसद के दोनों सदनों (लोकसभा एवं राज्यसभा) ने दिसम्बर 1967 में एक संकल्प (Resolution) पारित किया जो 'राजभाषा संकल्प' के नाम से जाना जाता है। यह संकल्प इस प्रकार है :

1. जबकि संविधान के अनुच्छेद 343 के अनुसार संघ की राजभाषा हिन्दी रहेगी और उसके अनुच्छेद 351 के अनुसार हिन्दी भाषा की प्रसार वृद्धि करना और उसका विकास करना ताकि वह भारत की सामासिक संस्कृति के सब तत्त्वों की अभिव्यक्ति का माध्यम हो सके, संघ का कर्तव्य है;

यह सभा संकल्प करती है कि हिन्दी के प्रसार एवं विकास की गति बढ़ाने के हेतु तथा संघ के विभिन्न राजकीय प्रयोजनों के लिए उत्तरोत्तर इसके प्रयोग के हेतु भारत सरकार द्वारा एक अधिक गहन एवं व्यापक कार्य तैयार किया जाएगा और उसे कार्यान्वित किया जाएगा और किए जाने वाले उपायों एवं की जाने वाली प्रगति की विस्तृत वार्षिक मूल्यांकन रिपोर्ट संसद की दोनों सभाओं के पटल पर रखी जाएगी, और सब राज्य सरकारों को भेजी जाएगी;

2. जबकि संविधान की आठवीं अनुसूची में हिन्दी के अतिरिक्त भारत की 14 मुख्य भाषाओं का उल्लेख किया गया है, और देश की शैक्षणिक एवं सांस्कृतिक

भारतीय संसद का संकल्प

संसद के दोनों सदनों द्वारा 18 जनवरी, 1968 को लिए गए संकल्प की मुख्य बातें

- देवनागरी लिपि में लिखी हिन्दी राजभाषा
- वार्षिक मूल्यांकन रिपोर्ट को संसद के समक्ष प्रस्तुत करना
- संविधान की अष्टम अनुसूची में उल्लिखित भाषाओं का विकास किया जाना
- संघ लोक सेवा आयोग की परीक्षाओं में हिन्दी एक विषय के रूप में शामिल करना
- संघ लोक सेवा आयोग तथा अन्य परीक्षाओं का माध्यम हिन्दी या क्षेत्रीय भाषाएँ होना तथा वैकल्पिक माध्यम के रूप में अंग्रेजी का प्रयोग जारी रहना

उन्नति के लिए यह आवश्यक है कि इन भाषाओं के पूर्ण विकास के हेतु सामूहिक उपाय किए जाने चाहिए;

यह सभा संकल्प करती है कि हिन्दी के साथ-साथ इन सब भाषाओं के समन्वित विकास के हेतु भारत सरकार द्वारा राज्य सरकारों के सहयोग से एक कार्यक्रम तैयार किया जाएगा और उसे कार्यान्वित किया जाएगा ताकि वे शीघ्र समृद्ध हों और आधुनिक ज्ञान के संचार का प्रभावी माध्यम बनें;

3. जबकि एकता की भावना के संवर्धन तथा देश के विभिन्न भागों में जनता में संचार की सुविधा हेतु यह आवश्यक है कि भारत सरकार द्वारा राज्य सरकारों के परामर्श से तैयार किये गये त्रि-भाषा सूत्र को सभी राज्यों में पूर्णतः कार्यान्वित करने के लिए प्रभावी उपाय किये जाने चाहिए;

यह सभा संकल्प करती है कि हिन्दी-भाषी क्षेत्रों में, हिन्दी तथा अंग्रेजी के अतिरिक्त एक आधुनिक भारतीय भाषा के दक्षिण भारत की भाषाओं में से किसी एक को तरजीह देते हुए और अहिन्दी-भाषी क्षेत्रों में प्रादेशिक भाषाओं एवं अंग्रेजी के साथ-साथ हिन्दी के अध्ययन के लिए उस सूत्र के अनुसार प्रवन्ध किया जाना चाहिए;

4. और जबकि यह सुनिश्चित करना आवश्यक है कि संघ की लोक सेवाओं के विषय में देश के विभिन्न भागों के लोगों के न्यायोचित दावों और हितों का पूर्ण परित्राण किया जाए;

यह सभा संकल्प करती है : (क) कि उन विशेष सेवाओं अथवा पदों को छोड़कर जिनके लिए ऐसी किसी सेवा अथवा पद के कर्तव्यों के संतोषजनक निष्पादन के हेतु केवल अंग्रेजी अथवा केवल हिन्दी तथा दोनों जैसी कि स्थिति हो, का उच्च-स्तर का ज्ञान आवश्यक समझा जाए, संघ सेवाओं अथवा पदों के लिए भर्ती करने के हेतु उम्मीदवारों के चयन के समय हिन्दी अथवा अंग्रेजी में से किसी एक का ज्ञान अनिवार्यतः अपेक्षित होगा; और

(ख) कि परीक्षाओं की भावी योजना, प्रक्रिया सम्बन्धी पहलुओं एवं समय के विषय में संघ लोक सेवा आयोग के विचार जानने के पश्चात् अखिल भारतीय एवं उच्चतर केन्द्रीय सेवाओं सम्बन्धी परीक्षाओं के लिए संविधान की आठवीं अनुसूची में सम्मिलित सभी भाषाओं तथा अंग्रेजी को वैकल्पिक माध्यम के रूप में रखने की अनुमति होगी।

4

भारतीय बैंकों में हिन्दी का प्रयोग

बैंकिंग प्रणाली किसी भी देश की वित्त व्यवस्था की प्रमुख सूत्रधार होती है। समाज का प्रत्येक वर्ग किसी न किसी रूप में इस व्यवस्था से जुड़ा होता है क्योंकि बैंक का कार्य केवल जमा राशि को सुरक्षित रखना मात्र नहीं है, वरन् वह ऋण तथा अन्य सेवाएँ प्रदान कर सामाजिक उत्थान में भी महत्त्वपूर्ण भूमिका निभाता है। जन-जीवन से गहन रूप से सम्बद्ध होने के कारण बैंक के दैनिक कामकाज में उस भाषा का प्रयोग अनिवार्य है जो किसी देश की सम्पर्क भाषा हो और बहुत बड़े क्षेत्र में बोली जाती हो। अगर भारतीय सन्दर्भ में देखा जाए तो हिन्दी, जो इस देश की सम्पर्क भाषा है, राजभाषा है—का प्रयोग बैंकिंग क्षेत्र में अंशतः किया जाता है। लेकिन समय-समय पर जारी राजभाषा अधिनियमों में बैंकिंग क्षेत्र में हिन्दी प्रयोग पर विशेष जोर दिया जाता है जिससे बैंकों में हिन्दी प्रयोग को बढ़ावा दिया जा रहा है।

बैंकों में हिन्दी का प्रयोग : कानूनी एवं नैतिक दायित्व

भारतीय रिजर्व बैंक, भारतीय स्टेट बैंक तथा इनके सहयोगी बैंक, नाबार्ड, भारतीय औद्योगिक विकास बैंक समेत सभी राष्ट्रीयकृत बैंक सीधे-सीधे भारत सरकार के स्वामित्व एवं नियंत्रण में हैं। सरकारी स्वामित्व एवं नियंत्रण में होने के कारण सरकारी भाषा नीति का पालन करना इन संस्थाओं का कानूनी दायित्व है। जन-जीवन से सामाजिक व्यवहार होने के कारण सम्पर्क भाषा हिन्दी का प्रयोग इनका नैतिक दायित्व भी वन जाता है क्योंकि इससे जन-सामान्य को बैंकिंग क्रियाकलापों में काफी सुविधा रहती है। स्वाधीनता से पूर्व वैंकिंग-क्षेत्र में अंग्रेजी भाषा का एकछत्र साम्राज्य था। स्वाधीनता के पश्चात् इस एकाधिकार को तोड़ा गया। संविधान में हिन्दी के प्रचार-प्रसार के लिए विशेष प्रावधान किए गए हैं।

हिन्दी की संवैधानिक स्थिति और बैंक

भारत सरकार की भाषा नीति के तहत भारतीय संविधान के अनुच्छेद 343 खंड-1 के अनुसार हिन्दी को भारत की राजभाषा का दर्जा प्रदान किया गया है। इससे पूर्व 14 सितम्बर, 1949 को हिन्दी राष्ट्रभाषा के रूप में स्वीकार की जा चुकी थी। संविधान के अन्तर्गत अनुच्छेद 343 से 351 तक कुल नौ अनुच्छेदों में अलग-अलग क्षेत्रों में हिन्दी की स्थिति का उल्लेख किया गया है :

(क) संघ की सरकारी भाषा

(ख) संसद में कार्य-संचालन के लिए प्रयुक्त की जाने वाली भाषा और

(ग) कानून बनाने और उच्चतम और उच्च न्यायालयों में प्रयुक्त की जाने वाली भाषा।

संविधान के अनुच्छेद 343 के अनुसार संघ की राजभाषा देवनागरी लिपि में लिखी जाने वाली हिन्दी होगी और संघ के सरकारी प्रयोजनों के लिए भारतीय अंकों का अन्तर्राष्ट्रीय रूप (1, 2, 3, 4, 5, 6, 7, 8, 9, 0) प्रयुक्त होगा। किन्तु अनुच्छेद 343 (2) के अनुसार संविधान के लागू होने के समय से पन्द्रह वर्ष की अवधि तक संघ के सरकारी क्षेत्रों में अंग्रेजी का प्रयोग होता रहेगा। हिन्दी के प्रयोग को व्यापक रूप प्रदान करने के लिए 1967 तथा 1976 में राजभाषा अधिनियम जारी किए गए। इन अधिनियमों में भारतीय बैंकिंग व्यवस्था में हिन्दी के प्रयोग को लेकर वही नीति क्रियान्वित की गई जो भारत सरकार के समस्त मन्त्रालयों, दफ्तरों, निकायों, निगमों आदि में वर्तमान है। वे सभी नियम और उपबन्ध, जो केन्द्र और राज्यों के सरकारी अर्धसरकारी प्रतिष्ठानों/कार्यालयों पर लागू हैं—वे सब बैंकिंग क्षेत्र में भी लागू हैं। अर्थात्, बैंकिंग-पत्राचार के लिए हिन्दी अथवा अंग्रेजी का प्रयोग किया जा सकता है। बैंकिग-कार्य से जुड़े विभिन्न कागज-पत्रों (चैक, फार्म, ड्राफ्ट) आदि को द्विभाषिक (हिन्दी-अंग्रेजी) होना चाहिए। दोनों भाषाओं में प्रवीण न होने की स्थिति में कार्यरत कर्मचारी का किसी प्रकार का अहित न हो। अंग्रेजी पत्र के साथ माँगने पर उसका हिन्दी अनुवाद भी भेजा जाएगा। जनता द्वारा प्रयुक्त की जाने वाली हिन्दी को अस्वीकृत नहीं किया जा सकता। उपरोक्त निर्देशों से स्पष्ट होता है कि बैंकिंग क्षेत्र में धीरे-धीरे हिन्दी प्रयोग को प्रोत्साहित किया जा रहा है।

बैंकों में हिन्दी का प्रयोग : व्यावहारिक स्वरूप

बैंकों में हिन्दी का प्रयोग व्यावहारिक रूप में अधिकांश क्षेत्रों में होने लगा है। बैंकिंग क्षेत्र की सामग्री मुख्यतः चार प्रकार की होती है :

(क) फार्म तथा रजिस्टर

(ख) अनुदेशात्मक सामग्री

(ग) विज्ञापन तथा प्रचार सामग्री

(घ) पत्राचार

इन चारों प्रकार की सामग्रियों में हिन्दी का स्वरूप भिन्न-भिन्न है। यह भिन्नता विषय-वस्तु पर निर्भर करती है। फार्म-रजिस्टर की हिन्दी का स्वरूप अनुदेशात्मक हिन्दी से भिन्न होता है। विज्ञापन एवं प्रचार में प्रयुक्त की जाने वाली हिन्दी पत्राचार में प्रयुक्त हिन्दी से भिन्न होती है। लेकिन इन सभी प्रकार की सामग्री में एक सामान्य विशेपता यह होती है कि यह हिन्दी अन्य क्षेत्रों (साहित्य, प्रशासन, राजनीति आदि) में प्रयुक्त हिन्दी से भिन्न होती है। यह हिन्दी आम बोलचाल की हिन्दी नहीं है। वस्तुतः इस हिन्दी का अपना एक विशिष्ट चरित्र है, अपना अलग स्वरूप है। बैंक में प्रयुक्त की जाने वाली इस भाषा की अपनी विशिष्ट शब्दावली है जिसका मानक रूप निर्धारित किया गया है। यहां भाषा के साथ अनावश्यक खिलवाड़ बहुत हानिकारक साबित हो सकता है क्योंकि बैंकिंग व्यवस्था का सम्बन्ध वित्त व्यवस्था से होता है। वित्तीय क्षेत्र से सम्बन्धित होने के कारण ही यहां भाषिक संरचना के प्रावधान अत्यन्त कठोर हैं। इनमें किसी प्रकार के लचीलेपन की गुंजाइश नहीं होती। हिन्दी का उपरोक्त स्वरूप विभिन्न प्रकार की बैंकिंग सामग्री में प्रस्तुत है।

1. फार्म तथा रजिस्टर : बैंक में प्रयोग में लाए जाने वाले फार्म एवं रजिस्टर यद्यपि पूर्णरूप से हिन्दी में बहुत कम मिलते हैं लेकिन अधिकतर बैंकों में अंग्रेजी के साथ-साथ हिन्दी का समानान्तर प्रयोग किया जाता है। जैसे–

Pay................................or bearer

......................................a sum of rupees

इसके साथ हिन्दी का प्रस्तुत रूप इस प्रकार होता है :

.............................या वाहक को

रु............................अदा करें।

इस संक्षिप्त उदाहरण से स्पष्ट होता है कि एक ओर 'वाहक' जैसे तत्सम् शब्द का प्रयोग है वहीं दूसरी ओर 'अदा' जैसे उर्दू शब्द का प्रयोग भी प्रचलित है।

रजिस्टर में ऊपर दिए जाने वाले शीर्षकों में अंग्रेजी शब्दों के साथ-साथ उनके हिन्दी पर्याय भी दिए जाते हैं जैसे–

तिथि	विवरण	निकासी	जमा
Date	Details	Withdrawal	Deposit
शेष	पास बुक भरने की तिथि		आद्यक्षर
Balance	Passbook written up		Initials

एक अन्य बैंक की पास बुक में उपरोक्त विवरण का स्वरूप दूसरी तरह से दिया गया है।

Date Particulars Amount with drawal
दिनांक विवरण अहरित राशि
Amount deposited Balance Initials
जमा की गयी राशि खाता शेष संक्षिप्त हस्ताक्षर

उपरोक्त विवरण से स्पष्ट होता है कि अलग-अलग बैंकों के फार्म एवं रजिस्टरों में प्रयुक्त .शब्दावली में थोड़ी वहुत भिन्नता अवश्य पाई जाती है।

2. अनुदेशात्मक सामग्रीः अनुदेशात्मक सामग्री का सम्बन्ध बैंक में प्रयुक्त टिप्पणी और प्रारूप से होता है। इनमें प्रयुक्त भाषा अनुदेशात्मक होती है यथा–

टिप्पण में प्रयुक्त हिन्दी :

1. At my our cost, risk responsibility
   मेरे/हमारे खर्चे, जोखिम और जिम्मेदारी/उत्तरदायित्व पर
2. Payment of Arrears
   शेष बकाया का भुगतान
3. Please be guided by our circular letter No.............dated............
   मार्गदर्शन के लिए हमारे दिनांक..................के परिपत्र/गश्ती चिट्ठी संख्या..................
4. Recall the entire amount outstanding in the loan accounts of.................
   ....ऋण खाते में शेष पूरी राशि/रकम वापस मँगाए।
5. Serve legal notice on the borrower.............
   ....ऋण ग्राहक के नाम कानूनी नोटिस जारी कराएँ।
6. To defray the cost.......................
   खर्चा बर्दाश्त करने के लिए।

प्रारूप में प्रयुक्त हिन्दी

1. Saving bank account
   बचत बैंक खाता।
2. आपको सूचित किया जाता है कि आपके इस बैंक के इस खाते में ....रुपए जमा कर दिए हैं।
3. आपको सूचित किया जाता है कि.......................समाप्त होने वाले. ....के ओवर ड्राफ्ट का ब्याज रूप में...................... रुपए आपके खाते/नामे में डाल दिए गए हैं।
4. मुझे ता..................के अपने पत्र सं.................जिसके साथ....... ....संलग्न की गयी थी, की पावती नहीं मिली।

टिप्पण और प्रारूप में प्रयुक्त हिन्दी का स्वरूप उर्दू एवं मारवाड़ी व्यापारियों द्वारा प्रयुक्त की जाने वाली व्यावसायिक हिन्दी से विशेष रूप से प्रभावित है। तारीख, नामे, गश्ती चिट्ठी, खर्चे, जोखिम आदि शब्दों का प्रयोग इसका उदाहरण है।

3. विज्ञापनों एवं प्रचार सामग्री में हिन्दी का प्रयोग : बैंकिंग क्षेत्र में विज्ञापन और प्रचार सामग्री का महत्त्व तेजी से बढ़ता जा रहा है। सभी बैंक अपने परम्परागत कार्यकलाप के अतिरिक्त कई नए तरह के काम भी कर सकते हैं। इन कार्यों को जनता तक पहुंचाने के लिए हिन्दी का प्रयोग किया जाता है। ग्राहक सेवाएँ (Consumer Service), निगम बैंकिंग (Corporate Banking), निवेश बैंकिंग (Investment Banking) ऐसे ही कार्य हैं।

इन कार्यों के प्रचार-प्रसार के लिए प्रचार-पर्चे (folders) का प्रयोग किया जाता है। कई बार यह विज्ञापन की भाषा अंग्रेजी से प्रभावित होती है। यथा–

1. The bank you can bank upon
   आपके भरोसे का बैंक
2. Come we will give you a banker not just a bank.
   "आइए हम संस्था ही नहीं एक व्यक्ति के रूप में आपकी सेवा करेंगे।" उपरोक्त वाक्य अंग्रेजी से अनूदित हैं। अतः इनमें हिन्दी जैसा चमत्कार नहीं है। जब हिन्दी का मूल रूप में प्रयोग किया जाता है वहां भाषा अत्यन्त प्रभावशाली बन जाती है।
3. आपकी समृद्धि–हमारा लक्ष्य
   Your prosperity–our aim
4. अपनी पत्नी का दिल जीतने की योजना
   Your impress-your-wife's scheme.
5. आपकी शान्ति पूर्ण सेवा-निवृत्ति योजना..........
   Your 'retire-in-peace' Plan...........

कम्पनी के शेयरों व डिबेंचरों की निर्गम की व्यवस्था भी बैंकों द्वारा की जा रही है। ऐसे बैंक `managers to the issue ?' 'निर्गम प्रबन्धक' कहलाते हैं। जब कई बैंक मिलकर किसी निर्गम का प्रबन्ध करते हैं तो इसमें कोई बैंक Lead Manager हो सकता है। जिसे 'अग्रणी प्रबन्धक' कहा जाता है। कम्पनी के निर्गमों का विज्ञापन करते समय हिन्दी का जो रूप इस्तेमाल किया जाता है। वह इस प्रकार से है :

1. अल्प परिपक्वता अवधि/उत्पादन जल्दी आरम्भ होगा
   Low gestation period
2. तरजीह नियतन का आश्वासन
   Perferential allotment assured

3. प्रमुख स्टॉक एक्चेंजों पर क्रय-विक्रय
   Listing at major stock exchange.
4. आसानी से बेचने की सुविधा
   Easy Liquidity
5. पहला सार्वजनिक निर्गम
   Maiden public issue

ग्राहक के लिए नियम

बैंक द्वारा ग्राहकों के लिए जारी नियमावली में हिन्दी का प्रयोग किया जाता है। इसके कुछ उदाहरण नीचे दिए जा रहे हैं :

1. जमा कर्ता से निवेदन है कि वे पास बुक को सुरक्षित स्थान में रखें। जमा कर्ता की असावधानी से पास बुक के खो जाने पर या हुई क्षति या धोखे से निकासी के लिए बैंक जिम्मेदार नहीं होगा।

ऋण खातों से सम्बन्धित :

1. "यदि अग्रिम मंजूर किया जाता है, तो मैं/हम एतद् द्वारा अपनी सहमति देता हूं/देते हैं कि वाहन को निरीक्षण के लिए हर छः महीने में बैंक की इच्छा के अनुसार शाखा में लाया जाएगा।"

2. "माँग किये जाने पर हम..............बैंक या उसके आदेशानुसार किसी अन्य को प्राप्त मूल्य के निमित..............रुपए, मय तिमाही अन्तरालों से गणित ब्याज के, जिसकी दर..............प्रतिशत वार्षिक है, भुगतान का संयुक्त एवं पृथक् रूप से वचन देते हैं।"

हिन्दी प्रयोग के प्रोत्साहन हेतु प्रचार

बैंकों में प्रचार के लिए भी हिन्दी का प्रयोग किया जाता है। बैंक अपने कामकाज को बढ़ाने के लिए प्रचार सामग्री का सहारा लेते हैं। हिन्दी का यह प्रयोग गद्य-पद्य दोनों में होता है। इनके कुछ उदाहरण नीचे दिए जा रहे हैं।

1. हिन्दी में काम
   कितना आसान
   समझना आसान
   समझाना आसान
2. हिन्दी में भरे फार्म और चैक स्वीकार किये जाते हैं।
3. हिन्दी का प्रयोग कीजिए, यह आपकी अपनी भाषा है।

बैंकों में हिन्दी में तार : (कुछ उदाहरण)

1. बचत खाता............में...........रुपए जमा करें।
2. बीस की सुबह दिल्ली पहुंच रहे हैं ठहरने का, प्रबन्ध करें।
3. साप्ताहिक विवरणी नहीं पहुंची शीघ्र भेजें।
4. प्रबन्धक........कार्यशाला में भाग लेंगे एवजी भेजें।
5. श्री..........दिवालिया घोषित सावधान रहें।
6. प्रबन्धक सम्मेलन स्थगित बाद में सूचित करेंगे।
7. पिताजी सख्त बीमार दस दिन छुट्टी दें।
8. स्टाक खत्म 200 चैक बुक शीघ्र भेजें।
9. विजय शर्मा प्रभारी अधिकारी का विगत वेतन पत्र तत्काल भिजवाएँ।

बैंकों में हिन्दी टिप्पण (कुछ उदाहरण)

1. पावती भेजें।
2. पार्टी को सूचित करें।
3. सदस्यों के सूचनार्थ भेजें।
4. गोपनीय।
5. निर्णय लम्बित।
6. शीघ्र कार्रवाई करें।
7. स्पष्टीकरण माँगा जाए।
8. निपटा दें।
9. दावा स्वीकृत।
10. परिपत्र जारी करें।
11. कोई कार्रवाई जरूरी नहीं।
12. प्रारूप फिर से तैयार करें।

4. पत्राचार में हिन्दी का प्रयोग : राजभाषा अधिनियमों के अन्तर्गत प्रावधान किया गया है कि बैंकिंग क्षेत्र में प्रयुक्त पत्राचार में हिन्दी का प्रयोग अधिकाधिक रूप में किया जाए। बैंकों में प्रयुक्त पत्राचार में प्रयुक्त हिन्दी की शैली पूर्णतया औपचारिक होती है। उसमें प्रयुक्त शब्दावली विशिष्ट मानकीकृत होती है जो बैंक के क्षेत्र विशेष से सम्बद्ध होती है। उपयुक्त हिन्दी शब्द न मिलने पर अंग्रेजी शब्दों को यथारूप प्रयुक्त कर दिया जाता है। प्रचलित उर्दू शब्दों को भी अपना लिया जाता है।

बैंकिंग पत्राचार में हिन्दी का प्रयोग कानूनी दृष्टि से भी अपरिहार्य बना दिया गया है। हिन्दी भाषी क्षेत्रों के बैंकों का सत्तर प्रतिशत पत्राचार हिन्दी में होना

चाहिए। बैंकिंग-प्रणाली में प्रयुक्त पत्राचार का स्वरूप सामान्य पत्राचार से भिन्न होता है। बैंकिंग पत्राचार में औपचारिकता और वस्तुपरकता पर विशेष ध्यान दिया जाता है। निजी बातों को उनमें कोई महत्त्व नहीं दिया जाता।

बैंकिंग क्षेत्र में मुख्यतया पाँच प्रकार के पत्र व्यवहार में लाए जाते हैं।

(1) शासकीय पत्र

(2) अर्द्ध-सरकारी पत्र

(3) परिपत्र

(4) ज्ञापन

(5) रिपोर्ट एवं विवरणियाँ

1. **शासकीय पत्र :** सरकारी क्षेत्र के सभी बैंकों में जो पत्र सामान्यतः पत्र-शीर्ष (Letter head) पर बैंक के कामकाज के सिलसिले में अधिकारिक तौर पर लिखे जाते हैं, वे शासकीय पत्र होते हैं। यथा :

यूनाइटेड कमर्शियल बैंक

सन्दर्भ सं./ग्राविप्र/434/94

क्षेत्रीय कार्यालय
गोहाटी
दिनांक : 7 जनवरी, 1994

प्रबन्धक
ग्रामीण सेवा केन्द्र
यूनाइटेड कमर्शियल बैंक
शिलांग

विषय : ग्रामीण ऋण प्रस्तावों का निपटान।

प्रिय महोदय,

उपर्युक्त विषय में आपको सूचित किया जाता है कि हमारे उप-महाप्रबन्धक महोदय के हाल में किए गए दौरे के दौरान उन्होंने सरकार द्वारा ग्रामीण ऋण में अपनाई गई नीतियों से अवगत कराते हुए निर्देश दिए हैं कि ग्रामीण ऋण की माँग और अधिक बढ़ाई जाए ताकि बैंक अपना निर्धारित लक्ष्य पूरा कर सके।

अतः आपसे निवेदन है कि ग्रामीण ऋण प्रस्तावों पर विशेष ध्यान दिया जाए और अगर ऐसे प्रस्ताव विचाराधीन हैं तो उनका तुरंत निपटान किया जाए। कृषि अधिकारी एवं फॉर्म सहायकों को भी इस सम्बन्ध में आवश्यक स्थायी अनुदेश दें दें और आपके द्वारा की गयी कार्यवाही की सूचना हमें भेजें।

भवदीय,
प्रबन्धक
(ग्रामीण विकास प्रभाग)

2. अर्द्ध-शासकीय पत्र : बैंकिंग प्रणाली में शासकीय और अर्द्धशासकीय पत्र में अधिक अन्तर नहीं होता दोनों का ढांचा प्रायः समान होता है किन्तु अर्द्धशासकीय पत्र में थोड़ा निजीपन का पुट भी रहता है यथा :

भारतीय स्टेट बैंक

शाखा प्रबन्धक
नांगलोई

सन्दर्भ संख्या/असय/109/95 दिनांक : 15 फरवरी, 1995

प्रिय श्री चावला,

दिनांक 10 जनवरी, 1995 को खण्ड विकास कार्यालय में हुई स्थानीय शाखाओं के प्रबन्धों की बैठक में आपने जो भाषण दिया उससे मैं प्रभावित हुआ हूँ। ग्रामीण क्षेत्र में दिए जाने वाले अग्रिमों की समस्याओं से जूझकर भी आप द्वारा समाज के कमजोर वर्गों को किया गया वित्त पोषण और उसकी कार्यप्रणाली दोनों ही बेमिसाल हैं।

मैं अपनी शाखा के स्तर पर आप द्वारा अपनाई गई कार्य-प्रणाली को लागू करने का प्रयास कर रहा हूं ताकि वित्त पोषण की मात्रा वृद्धिगत हो सके। आपसे निवेदन है कि उक्त विषयक निकाले गए पैम्फलेट की एक प्रति भेजकर अनुगृहीत करें।

आपका,
(रमेश तलवार)

श्री वीरेन्द्र चावला
शाखा प्रबन्धक
सिंडिकेट बैंक
नांगलोई शाखा
दिल्ली

3. परिपत्र : परिपत्र बैंकिंग प्रणाली सम्प्रेषण का एक महत्त्वपूर्ण साधन है, जिसके द्वारा नियमों, सूचनाओं, आदेशों एवं अनुदेशों को सम्प्रेषित किया जाता है। राजभाषा अधिनियम में परिपत्र लेखन के लिए द्विभाषा फार्मूले की व्यवस्था की गई है। जिसमें अंग्रेजी के साथ-साथ परिपत्र हिन्दी में भी लिखा जाएगा। हिन्दी परिपत्र भी अब बैंकों में व्यवहार में लाए जाने लगे हैं जिसका एक उदाहरण यहां प्रस्तुत हैः

ओरियंटल बैंक ऑफ कॉमर्स

विभागीय कार्यालय
रोहतक

सन्दर्भ सं./वि.का/परि/104/95 दिनांक : 4.2.95

शाखा प्रबन्धक
ओरियन्टल बैंक ऑफं कॉमर्स
इस कार्यालय के अधीन सभी शाखाएँ

विषय–प्रस्तावित शाखाओं के लिए पंचाट कर्मचारियों से अनुरोध स्थानान्तरण के आवेदन।

प्रिय महोदय,

आपको सूचित करते हुए हमें प्रसन्नता है कि निम्नलिखित स्थानों पर हमारे बैंक की शाखाएँ खोलने का प्रस्ताव है :

1. बहादुरगढ़
2. सांपला

अतः इस विभाग के अन्तर्गत कार्यरत बैंक के कर्मचारियों से लिपिक, खजांची तथा अधीनस्थ आदि पदों के लिए आवेदन-पत्र आमंत्रित किए जा रहे हैं। इच्छुक कर्मचारी अपना आवेदन-पत्र शाखा प्रबन्धक के माध्यम से निम्नलिखित जानकारी देते हुए भेज सकते हैं :

1. आवेदक का नाम व पता
2. जन्मतिथि
3. बैंक में सेवारम्भ की तिथि
4. पद
5. आहरित विशेष भत्ते, यदि कोई हो
6. चुने गए स्थानों के क्रम

आवेदन-पत्र इस कार्यालय को दो सप्ताह के अन्दर पहुंच जाने चाहिए।

भवदीय,
सहायक विभागीय प्रबन्धक
(प्रशासन)

4. ज्ञापन : राजभाषा अधिनियमों 1967-76 के अनुसार बैंक के कर्मचारी एवं अधिकारी को दिए जाने वाले ज्ञापन में सम्बन्धित कर्मचारी एवं अधिकारी को यह अधिकार प्राप्त है कि उसे प्राप्त ज्ञापन की भाषा केवल हिन्दी हो। वह अपना स्पष्टीकरण केवल हिन्दी में दे सकता है।

हिन्दी ज्ञापन का प्रस्तुत उदाहरण :

देना बैंक

क्षेत्रीय कार्यालय
दिल्ली

सन्दर्भ सं/क्षे का/107/95 20 फरवरी, 1995

ज्ञापन

श्री रमेश कुमार, लिपिक व खजांची, निरीक्षण विभाग क्षेत्रीय कार्यालय, दिल्ली के आवेदन-पत्र के सन्दर्भ में उन्हें सूचित किया जाता है कि हमारे दिल्ली क्षेत्रीय कार्यालय के अकबर रोड स्थित अग्रिम विभाग में उनकी प्रतिनियुक्ति लिपिक एवं खजांची के ही पद पर 5 मार्च, 1995 से 5 मार्च, 1996 तक की अवधि के लिए की जाती है।

अतः श्री रमेश कुमार को अनुदेश दिया जाता है कि वे 5 मार्च, 1995 से अपना नया कार्यभार संभाल लें।

सहायक क्षेत्रीय प्रबन्धक
(प्रशासन)

प्रति :

श्री रमेश कुमार
क्षेत्रीय कार्यालय
देना बैंक
दिल्ली

प्रभारी अधिकारी
अग्रिम विभाग
देना बैंक
अकबर रोड, दिल्ली

निष्कर्ष रूप में कहा जा सकता है कि बैंकों में हिन्दी का प्रयोग दिन-प्रतिदिन बढ़ता जा रहा है। लेकिन हिन्दी का स्वतन्त्र रूप पूर्णतया वहां प्रयुक्त नहीं किया जा रहा। इसका एक कारण हिन्दी में अंग्रेजी के प्रचलित शब्दों का उचित पर्याय न मिलना भी है। वाक्य-संरचना भी अंग्रेजी से प्रभावित है। यद्यपि ये छोटी-छोटी बाधाएँ हैं। हिन्दी का अधिकाधिक प्रयोग करके इन बाधाओं से छुटकारा पाया जा सकता है।

5

व्यावसायिक पत्र-लेखन

पत्र-लेखन की अनिवार्यता एवं महत्त्व : दैनिक जीवन के विभिन्न कार्यव्यापारों को सुगम एवं व्यवस्थित बनाने में पत्र-लेखन का विशेष महत्त्व है। संप्रेषण का यह प्रमुख आधार सामाजिक जीवन के प्रत्येक क्षेत्र में प्रचलित है। आधुनिक युग में सम्प्रेषण के विभिन्न साधनों (टेलीफोन, वायरलैस आदि) के प्रचलन से भी इसका महत्त्व कम नहीं हुआ है, वरन् बढ़ा ही है। सम्प्रेषण के अन्य माध्यमों द्वारा जो बात इतनी सार्थक नहीं हो पाती, उसे पत्राचार अधिक सही ढंग से प्रस्तुत कर देता है। इसका प्रमुख कारण यह है कि पत्राचार लिखित रूप में होता है और जरूरत पड़ने पर दुबारा उसका उपयोग किया जा सकता है। यह उपयोग जानकारी प्राप्त करने से लेकर सन्दर्भ देखने तक किसी भी रूप में हो सकता है। दूसरे, लिखित रूप में होने के कारण उसका निश्चित रिकॉर्ड होता है। सम्प्रेषण के अन्य माध्यमों में ऐसी सुविधा नहीं होती।

पत्र-लेखन की अनिवार्यता जानकारी से जुड़ी हुई चीज है। पत्र-व्यवहार सामान्यतः जानकारी लेने और देने के लिए ही किया जाता है। समाज के विभिन्न क्षेत्रों—पारिवारिक, व्यावसायिक प्रशासनिक आदि में सम्प्रेषण व्यवस्था पत्र-लेखन के अभाव में पंगु हो जाती है। सम्प्रेषण-व्यवस्था में पत्र-लेखन की अनिवार्यता प्राचीनकाल से ही महसूस की जाती रही है। मनुष्य अपने दूरस्थ बसे प्रिय का कुशल जानने और उस तक अपना संदेश पहुँचाने को प्रयत्नशील रहता है। इस कार्य के लिए सबसे आसान उपाय पत्र-लेखन ही है। मनुष्य की जीवनचर्या से जुड़े होने तथा करोड़ों लोगों को रोज़गार उपलब्ध कराने की दृष्टि से पत्र-लेखन एक ओर जहाँ उपयोगी कला की श्रेणी में आता है वहीं दूसरी ओर, मानव-मन की रागात्मक अभिव्यक्तियों की सहज अभिव्यक्ति उसमें होने से वह ललितकला के गुण भी लिये हुए है। पत्र-लेखन कला के उपकरण बहुत सीमित हैं—केवल कागज, कलम पत्र के आलेख की सूझबूझ। यह पत्र-लेखक की सूझबूझ पर ही निर्भर करता है कि जिस उद्देश्य के लिए उसने पत्र लिखा है वह कहाँ तक पूर्ण हुआ है।

अन्य क्षेत्रों की तरह व्यवसाय में भी पत्र-लेखन अत्यन्त महत्त्व रखता है क्योंकि यहाँ पर अधिकांश कार्य लिखित रूप में ही होता है। अतः प्रत्येक आवश्यकता के लिए पत्र लिखना व्यावसायिक क्षेत्र की अनिवार्यता है। ये आवश्यकताएँ व्यवसाय के भिन्न-भिन्न क्षेत्रों में अलग-अलग होती हैं। कहीं नियुक्ति पत्र, आवेदन पत्र तो कहीं 'विज्ञापन पत्र', 'मूल्य-पत्र', 'क्रयादेश-पत्र', 'विक्रय-पत्र', 'अनुरोध-पत्र', 'निविदा पत्र', 'सूचना पत्र' आदि रूपों में होती है।

पत्र-लेखन के अंग : पत्र-लेखन एक कला है। इस कला के कुछ नियम होते हैं। सभी प्रकार के पत्रों की रूपरेखा एक जैसी नहीं होती। उसमें विषय, व्यक्ति, सन्दर्भ और क्षेत्र के अनुसार भिन्नता पाई जाती है। व्यावसायिक पत्र लेखन में निम्न तथ्य संकेतों को ध्यान में रखते हुए पत्र लिखना चाहिए।

1. पत्र-प्रेषक का नाम पता : व्यावसायिक पत्रों में पत्र भेजने वाले का नाम व पता अवश्य लिखा होना चाहिए। इससे पत्र प्राप्तकर्ता को यह जानने में सुविधा होती है कि उक्त पत्र कहाँ से, किसके द्वारा भेजा गया है। प्रेषक का नाम और पता लिखने का एक निश्चित स्थान व्यावसायिक पत्रों में निर्धारित हो गया है। यह नाम और पता ऊपर की ओर दाएँ कोने में लिखा जाता है। अथवा बाएँ कोने में नाम पदनाम और दाएँ कोने में पता, टेलीफोन नम्बर लिखना चाहिए। टेलीफोन नम्बर के नीचे तिथि एवं सन अंकों में तथा मास का नाम शब्दों में लिखा जाता है। जैसे—दिनांक 6 जनवरी, 1996।

2. पत्र-प्राप्तकर्ता का नाम व पता : पत्र-प्रेषक के नाम पते के बाईं ओर पत्र प्राप्तकर्ता का नाम व पता लिखना चाहिए। नाम के स्थान पर कई बार पदनाम लिखकर भी काम चला लिया जाता है। नाम और पदनाम एक साथ भी लिखे जा सकते हैं। इसके साथ पते को पूर्ण रूप देने के लिए प्राप्तकर्ता के कार्यालय, स्थान, जिला व शहर का नाम तथा पिनकोड संख्या भी लिखनी अनिवार्य होती है।

3. विषय संकेत शीर्षक : पत्र के मूल विषय को एक या दो वाक्यों के अंतर्गत विषय शीर्षक देकर लिखना चाहिए। जैसे—'जीवन बीमा की रकम के भुगतान के लिए'। यह शीर्षक पत्र प्राप्तकर्ता के नाम व पते के बाद थोड़ा नीचे लिखना चाहिए। विषय-शीर्षक लिखने से पत्र पाने वाला तुरन्त पत्र के मूल विषय से परिचित हो जाता है तथा विषय की महत्ता के अनुसार उसे यथोचित शीघ्र कार्रवाई के लिए भेज देता है।

4. सम्बोधन और अभिवादन : अलग-अलग प्रकार के पत्रों में सम्बोधन भी भिन्न-भिन्न होते हैं। सम्बोधन प्रेषक और प्राप्तकर्ता के परस्पर सम्बन्ध, कार्य की आवश्यकता एवं विशेषता के अनुसार परिवर्तित हो जाते हैं। सम्बोधन प्रायः पत्र के बाईं तरफ लिखा जाता है। व्यावसायिक पत्रों के सम्बोधन औपचारिकतापूर्ण

होते हैं जबकि निजी पत्रों के सम्बन्धों में घनिष्ठता और आत्मीयता रहती है। सम्बोधन से अगली पंक्ति में अभिवादन सूचक शब्द लिखा जाता है।

निजी पत्रों में सम्बोधन में 'प्रिय' शब्द का इस्तेमाल होता है। इसके बाद नाम व उपनाम लिखा जाता है। जैसे–'प्रिय श्री नीरज'। अपने से बड़े के लिए 'प्रिय' के स्थान पर श्रद्धेय, पूज्य, मान्यवर आदि शब्द प्रयुक्त किये जाते हैं। औपचारिक पत्र व्यवहार करते समय सम्बोधन और अभिवादन का रूप बदल जाता है। यहाँ पर 'प्रिय महोदय', 'प्रिय महोदया', 'आदरणीय' आदि शब्द प्रयुक्त होते हैं। अर्द्ध सरकारी पत्र लेखन में 'प्रिय श्री' का प्रयोग किया जाता है। व्यावसायिक-पत्रों में सम्बोधन तो अनिवार्य होते हैं लेकिन अभिवादन सूचक शब्द न भी लिखे जाएँ तो काम चल जाता है।

5. पत्र की विषयवस्तु या ढाँचा : संबोधन और अभिवादन की समाप्ति के पश्चात् पत्र लिखने की क्रिया आरम्भ करनी चाहिए। पत्र की शुरुआत वास्तविक रूप में यहीं से होती है। अतः नए पैराग्राफ से इसका आरम्भ करना चाहिए। यह पत्र का मुख्य भाग है जिसमें उसका उद्देश्य निहित होता है। पत्र यथासम्भव संक्षिप्त होना चाहिए लेकिन उसमें उन सभी बातों का समावेश अनिवार्य है जो प्रेषक कहना चाहता है। विषय से अलग बातों का वर्णन पत्र के प्रभाव को नष्ट कर देता है। पत्र यदि लम्बा है और उसमें अनेक विषय हैं तो ऐसी स्थिति में पत्र पैराग्राफ में बाँट लेना चाहिए। प्रत्येक विषय के लिए अलग पैराग्राफ बनाकर विषय को स्पष्ट कर देना चाहिए। विभिन्न विषय क्रमबद्ध रखने चाहिए जिससे कि वे एक प्रवाह में लिखे गए दिखाई दें और प्रत्येक पैराग्राफ ऊपर के पैराग्राफ का विकास प्रतीत हो।

सन्दर्भ संकेत, सरकारी और व्यावसायिक पत्रों में उस स्थिति में अनिवार्य होता है जब सम्बन्धित विषय में पहले पत्राचार हो चुका हो। पिछला पत्र प्रेषक का भी हो सकता है जिसे प्राप्तकर्ता ने उत्तर दिया हो या प्राप्तकर्ता का भी हो सकता जिसका उत्तर प्रेषक को देना हो। सन्दर्भ संकेत प्रायः पत्र के प्रारम्भ में ही दिया जाता है। जैसे "उपर्युक्त विषय पर कृपया अपना पत्र संख्या................ दिनांक................।"

6. भाषा-शैली : पत्र-लेखन का विशेष गुण है। निजी पत्रों की भाषा अनौपचारिक होती है। जबकि सरकारी, व्यावसायिक पत्रों की भाषा औपचारिकता पूर्ण। एक प्रकार की शैली से किसी को अभिभूत किया जा सकता है तो दूसरे प्रकार की शैली से क्रोधित भी। शैली संयमित होनी चाहिए। उसमें उदारता और सहिष्णुता अपेक्षित होती है। भाषा साफ स्पष्ट और सहज हो। लच्छेदार और द्विअर्थी शब्दों के प्रयोग से बचना चाहिए। वाक्य यथासम्भव छोटे-छोटे होने चाहिए। अन्त में पत्र पर प्रेषक के हस्ताक्षर सुस्पष्ट होने चाहिए। जिससे प्राप्तकर्ता

प्रेषक का परिचय सरलता से प्राप्त कर सके। यदि पत्र गोपनीय है तो पत्र के लिफाफे पर लालस्याही से 'गोपनीय' शब्द लिख देना चाहिए।

समापन सूचक शब्द : प्रत्येक पत्र के अन्त में हस्ताक्षर से पूर्व कुछ समापन सूचक शब्दों का प्रयोग किया जाता है। निजी, सरकारी और व्यावसायिक पत्रों में ये समापन सूचक शब्द भिन्न-भिन्न होते हैं। ये समापन सूचक शब्द प्रेषक और प्राप्तकर्ता के सम्बन्ध के द्योतक होते हैं। निजी पत्रों में बड़ों को आपका, विनीत तथा छोटों को 'तुम्हारा', 'तुम्हारी', 'शुभाकांक्षी', 'शुभेच्छु' आदि लिखते हैं। सरकारी और व्यावसायिक पत्रों में 'भवदीय' का प्रयोग किया जाता है। ये समापन सूचक शब्द पत्र समाप्त होने के तुरंत बाद दाएँ कोने में लिखे जाते हैं।

7. हस्ताक्षर और नाम : पत्र के भिन्न-भिन्न रूपों में हस्ताक्षर कई रूपों में किये जाते हैं। समापन सूचक शब्द (भवदीय आदि) के बाद प्रेपक के हस्ताक्षर होते हैं। उसके नीचे कोष्ठक में उसका नाम अंकित होता है। हस्ताक्षर प्रायः संक्षिप्त और अस्पष्ट होते हैं। इसलिए कोष्ठक में प्रेषक का नाम लिखा जाता है। कोष्ठक के नीचे प्रेपक का पदनाम दिया जाता है। कई बार जब प्रेषक हस्ताक्षर के लिए उपलब्ध नहीं होता तब उसके स्थान पर निम्न अधिकारी 'कृते' का प्रयोग करके प्रेषक की ओर से अपने हस्ताक्षर कर देता है। जैसे—'कृते', 'कुलसचिव', 'कृते', 'प्रबंध निदेशक' आदि।

8. संलग्नक : कई बार आवश्यकता पड़ने पर पत्र के साथ विषय से सम्बन्धित अनेक कागजात भेजे जाते हैं। ये कागजात उस पत्र के साथ संलग्नक होते हैं। इन्हीं को संलग्नक के नीचे जिन व्यक्तियों या विभागों को पत्र की प्रतिलिपि प्रेषित की जानी है वहाँ 'सूचनार्थ प्रतिलिपि' शीर्षक देकर क्रम संख्या देकर उसका नाम व पता दिया जाता है। पत्र में भवदीय के थोड़ा नीचे बाईं तरफ 'संलग्नक' या 'संलग्न पत्र' शीर्षक लिखकर इन कागजात का विवरण क्रम संख्या डालकर दिया जाता है।

9. पुनश्च : पत्र लेखक जब पत्र लिख लेता है तब वह अगर पाता है कि विषय से सम्बन्धित कोई महत्त्वपूर्ण बात छूट गयी है या अधूरी रह गयी है तो ऐसे में उसके सामने एक ही विकल्प होता है कि वह पत्र के सबसे अन्त में 'पुनश्च' शीर्षक देकर उसमें अपनी छूटी हुई या अधूरी बात को पूरा कर दे। 'पुनश्च' लेखन के बाद उसके नीचे प्रेषक के पुनः हस्ताक्षर अनिवार्य होते हैं ताकि छूटा हुआ अंश आधिकारिक बन जाए।

10. पत्र प्राप्तकर्ता का नाम व पता : पत्र की समाप्ति पर पत्र के बाहर (लिफाफे आदि पर) प्राप्तकर्ता का नाम व पता साफ सुन्दर शब्दों में लिखा होना चाहिए। इससे पत्र आसानी से अपने गन्तव्य तक पहुँच जाता है।

उपरोक्त विवेचन की व्यावहारिकता के लिए व्यावसायिक पत्र का प्रारूप यहाँ

उदाहरण के लिए प्रस्तुत है।

प्रेषक का नाम
पदनाम पता
पत्र संख्या/सन्दर्भ............... दूरभाष नं.
पाने वाले का नाम तिथि
पदनाम
कार्यालय
पूरा पता

विषय :...

प्रिय महोदय/महोदया

पत्र की मूल विषय वस्तु (जो लिखना है) आभार/धन्यवाद ज्ञापन संलग्नक :

1. समापन सूचक शब्द
2. भवदीय
3. हस्ताक्षर
पूरा नाम/ह.

सूचनार्थ प्रतिलिपि

1. नाम व पता..........
2. नाम व पता.................
3. पुनश्च हस्ताक्षर

पत्राचार की सामान्य विशेषताएँ (व्यावसायिक पत्र के सन्दर्भ में)
स्पष्ट है कि व्यावसायिक पत्र की निश्चित शैली होती है। उसका कलेवर निश्चित नियमों में बँधा होता है। उसमें स्पष्टता, स्वतःपूर्णता, तथ्यात्मकता, संक्षिप्तता व क्रमबद्धता होती है। इन विशेषताओं का क्रमशः विवरण यहाँ प्रस्तुत किया जाता है।

1. स्पष्ट विषय एवं भाषा-शैली : प्रत्येक प्रकार के पत्र के लिए यह अनिवार्य है कि उसमें विषय एवं भाषा-शैली स्पष्ट होती है। यदि पत्र में कहीं भी विषय एवं भाषा की जटिलता है तो वह पत्र के उद्देश्य में बाधक बन जाएगी। सरकारी और व्यावसायिक पत्रों में तो यह स्पष्टता और भी अनिवार्य हो जाती है। प्रेषक की थोड़ी-सी अस्पष्टता भयंकर भूल में बदल सकती है। व्यावसायिक क्षेत्र में अधिकतर कामकाज पत्र व्यवहार द्वारा ही होता है। स्पष्ट पत्राचार के अभाव में

यह कामकाज प्रभावित हो सकता है। अतः सांकेतिक भाव-भाषा प्रयुक्त न करके स्पष्ट भाव-भाषा का प्रयोग करना ही उचित एवं सार्थक होता है। उदाहरणार्थ क्रय आदेश पत्र में माल की मात्रा, गुण, समयावधि, दर आदि चीजें स्पष्ट होनी चाहिए।

2. क्रमबद्धता : व्यावसायिक पत्रों और अन्य पत्रों – दोनों में विषय निश्चित रूप से क्रमबद्ध होना चाहिए। यदि पत्र का विषय माल मँगाने से सम्बन्धित है तो उसमें इसी से सम्बन्धित बातों का क्रमशः विवरण देना चाहिए न कि अन्य बातों का। मुख्य विषय के समानान्तर उसमें अन्य किसी विषय का वर्णन नहीं होना चाहिए। इससे मुख्य विषय गौण पड़ जाता है। व्यावसायिक पत्र में विषय की एकसूत्रता विशेष महत्त्व रखती है। इससे पत्र प्रेषक और प्राप्तकर्ता दोनों का समय और मानसिक श्रम बच जाता है।

3. सहज-सरल भाषा एवं भाव : निजी पत्रों में प्रेषक को भाव व भाषा सम्बन्धी छूट रहती है। वहाँ पर वह गूढ़ भावों और आलंकारिक भाषा-शैली का प्रयोग कर सकता है किन्तु व्यावसायिक पत्र में ऐसी छूट की थोड़ी-सी भी सम्भावना नहीं होती। व्यावसायिक पत्र की माँग सरल सहज भाषा की होती है। क्योंकि उसमें अकृत्रिम, जटिल भाषा व भाव-बोध प्राप्तकर्ता को उलझन में डाल देता है। उसके पास इतना अधिक समय नहीं होता कि वह जटिल शब्दों, वाक्यों और सन्दर्भों का स्पष्टीकरण माँगने के लिए पत्र लिखे। व्यावसायिक पत्रों की भाषा पूर्व निश्चित होती है। अतः प्रेषक को उसी का प्रयोग करना चाहिए। सहज स्वाभाविक बात ही पत्र के उद्देश्य को सम्प्रेषित करने में सार्थक होती है। विद्वत्ता का प्रदर्शन व्यावसायिक पत्र में उचित नहीं है इससे बचना चाहिए।

4. तथ्यात्मकता : निजी पत्रों के विपरीत व्यावसायिक पत्र तथ्य पर आधारित होते है। तथ्यात्मकता के अभाव में निजी और व्यावसायिक पत्रों में कोई भेद नहीं रह जाता। अतः व्यावसायिक पत्र-लेखन की यह अनिवार्य शर्त है कि उसमें विवेचित विषय से सम्बन्धित सभी तथ्यों का विवरण दिया गया हो। विवेचित विषय से सम्बन्धित सम्पूर्ण तथ्यों के अभाव में जहाँ एक ओर कामकाज रुक जाता है वहीं दूसरी ओर बनता हुआ सौदा बिगड़ने की सम्भावना भी रहती है। कामकाज में अनावश्यक विलम्ब हो जाता है।

5. सीमित एवं संक्षिप्त : व्यावसायिक पत्र का कलेवर (ढाँचा) सीमित एवं संक्षिप्त होना चाहिए। निजी पत्रों की भांति कई-कई पृष्ठ लिखना उचित नहीं है क्योंकि आधुनिक युग की भाग-दौड़ व कार्य की अधिकता के कारण प्राप्तकर्ता के पास इतना अवकाश नहीं होता कि वह दिन भर पत्र की पोथियों के पृष्ठ ही पलटता रहे। यदि एक दिन में सात-आठ पत्र भी उसके पास दस-दस पृष्ठों के आ गये तो ऐसे में उसका सारा दिन पत्र पढ़ने में ही बीत जाएगा और किसी का

भी कार्य नहीं होगा न तो पत्र प्रेषकों का और न ही प्राप्तकर्ता का। अतः उद्देश्य की सिद्धि के लिए सीमित एवं संक्षिप्त पत्र ही प्रभावी होता है।

6. सम्पूर्णता : पत्र का अपने आप में पूर्ण होना अत्यन्त अनिवार्य है। प्रेषक जो बात कहना चाहता है वह अपने आप में पूर्ण होनी चाहिए ताकि प्राप्तकर्ता उसे उसी रूप में ग्रहण करे जिस रूप में प्रेषक ने लिखी है। कथन की अपूर्णता भ्रान्ति उत्पन्न कर देती है। अपूर्ण कथन के लिए स्पष्टीकरण अनिवार्य हो जाता है ऐसे में दोबारा पत्र लिखना पड़ता है जिसमें श्रम एवं समय लगता है। इस प्रवृत्ति से बचना चाहिए और सावधानीपूर्वक ब्यौरे प्रस्तुत करने चाहिए। आम तौर पर तिथि, पते, सन्दर्भ आदि छूट जाते हैं जो पत्र के अनिवार्य अंग हैं। इन पर विशेष ध्यान रखना अनिवार्य होता है।

7. शिष्टता एवं शालीनता : पत्र प्रेषक के व्यक्तित्व का प्रतिबिंब होता है। पत्र द्वारा प्रेषक के आचरण, स्वभाव, सामाजिक व्यवहार का पता चलता है। वैसे तो व्यावसायिक और सरकारी पत्रों की भाषा शिष्ट एवं शालीन होती है फिर भी उसमें जहाँ तक हो सके प्रेषक को व्यक्तिगत द्वेष, खीज, शिकायत, नाराजगी आदि से बचना चाहिए। यदि कहीं पर शिकायत, अस्वीकृति या नाराजगी जतानी पड़े तो, वहाँ पर शिष्ट एवं शालीन भाषा का ही प्रयोग करना चाहिए। उदाहरणार्थ किसी निविदा की अस्वीकृति दो रूपों में लिखकर भेजी जा सकती है।

(क) ''आपकी अयोग्यता/अकुशलता/अनुभवहीनता को देखते ही आपकी निविदा अस्वीकृत की जाती है।''

(ख) ''हमें बड़ा खेद है कि हमारी संस्था आपकी सेवाओं का लाभ नहीं उठा पाएगी।''

8. प्रभावान्विति : प्रभावान्विति से तात्पर्य है सम्पूर्ण पत्र पढ़कर प्राप्तकर्ता पर पड़ने वाला प्रभाव। यह प्रभाव पत्र के शुरू से लेकर आखिर तक व्याप्त रहता है। अतः प्रेषक को पत्र के प्रत्येक अंग पर विशेष ध्यान देना चाहिए। यदि पत्र मुद्रित है तो उसकी साज-सज्जा आकर्षित होनी चाहिए। यदि पत्र सादे कागज पर लिखा जा रहा है तो लिखावट सुन्दर स्पष्ट और शुद्ध होनी चाहिए। सम्बोधन-अभिवादन की उपयुक्त शब्दावली हो। मूल विषय का प्रस्तुतीकरण संक्षिप्त रोचक शैली में हो। यदि पत्र टंकित हो तो दोनों ओर उचित हाशिये छोड़ देने चाहिए। ये सब बातें पत्र के प्रभाव को बढ़ा देती हैं। व्यावसायिक पत्रों की विषयवस्तु व्यवसाय के क्रियाकलापों से सम्बन्धित होती हैं। प्राचीन काल की अपेक्षा आधुनिक युग में सुविधा एवं साधन उपलब्ध होने से व्यवसाय का स्वरूप जटिल हो गया है। व्यवसाय क्षेत्र के भीतर की प्रक्रिया अत्यन्त सूक्ष्म हो गयी है। उसके भीतर अनेक क्षेत्र हैं। इनको यहाँ क्रमशः प्रस्तुत किया जाता है।

1. माल का भाव पूछने के लिए पत्र।

2. मूल्य सूची मँगवाने के लिए पत्र।
3. माल का नमूना मँगाने के लिए पत्र।
4. माल की खराबी का शिकायती पत्र।
5. माल मँगवाने का आदेश पत्र।
6. विक्रय प्रस्ताव पत्र।
7. व्यापारिक सन्दर्भ सम्बन्धी पत्र।
8. भुगतान सम्बन्धी पत्र।
9. बीमा पत्र।
10. बैंक पत्र।
11. निविदा पत्र।
12. एजेंसी लेन-देन सम्बन्धित पत्र।

व्यावसायिक पत्र-लेखन की कुछ अन्य महत्त्वपूर्ण बातें :

1. व्यावसायिक पत्रों में कुशल समाचार बताने और पूछने की आवश्यकता नहीं होती। केवल काम की बात संक्षिप्त रूप में लिखी जानी चाहिए।
2. यदि परीक्षार्थी परीक्षा दे रहा हो तो पत्र के पहले भाग में अपना पता लिखने के स्थान पर परीक्षा भवन लिखना चाहिए। पत्र की समाप्ति पर अपना नाम लिखने के बजाए क, ख, ग अथवा अपना अनुक्रमांक (425366) लिखना चाहिए।
3. पुनश्च के प्रयोग से बचना चाहिए। पत्र के ढांचे में ही सारी बात कहने की कोशिश होनी चाहिए।
4. व्यावसायिक पत्रों में सम्बोधन और समाप्ति के लिए जिन शब्दों का प्रयोग होता है वे इस प्रकार हैं :

जिसे पत्र लिखा जाता है	प्रशस्ति	शिष्टाचार (संबोधन)	समाप्ति अभिवादन
व्यापारिक पत्रों में	महाशय, श्रीमान, महोदय आदि	कोई आवश्यकता नहीं	भवदीय, आपका, निवेदक

व्यावसायिक पत्र-लेखन प्रारूप एवं उदाहरण

1. प्रेषक का नाम — 2. पता
3. पदनाम — 4. दूरभाष नम्बर
5. संख्या/सन्दर्भ संख्या — 6. तिथि

7. प्राप्तकर्ता नाम
8. (संस्था का नाम-पता सहित)
9. विषय...............................
10. औपचारिक सम्बोधन
11. कथ्यविषय वस्तु
12. धन्यवाद ज्ञापन

13. समापन सूचक शब्द
भवदीय

14. संलग्नक : 1.
2.
3.

15. हस्ताक्षर
(पूरा नाम)
17. पदनाम

16. सूचनार्थ प्रतिलिपि
1. नाम व पता
2. नाम व पता
पुनश्च

18. हस्ताक्षर

अन्य व्यावसायिक पत्र का प्रारूप

सम्पादक के नाम पत्र

1. सम्पादक (केवल पद, नाम नहीं)
2. पत्र अथवा पत्रिका का नाम
3. पत्र पत्रिका का प्रकाशन स्थान
4. सम्बोधन
5. आरम्भिक औपचारिक वाक्य (धन्यवाद ज्ञापन)
6. मूल विषय
7. अंतिम औपचारिक वाक्य (धन्यवाद ज्ञापन)
8. प्रेषक नाम
9. प्रेषक पता
10. दिनांक

आवेदन पत्र का प्रारूप

1. प्रेषक नाम पता
2. प्राप्तकर्ता पद-पता
3. पद या स्थान (जिसके लिए आवेदन माँगे गए हैं)
4. सम्बोधन

5. रिक्तस्थान की सन्दर्भ संख्या

6. आवेदनकर्ता द्वारा दिया गया अपनी योग्यताओं सम्बन्धी विवरण, अनुभव क्रमबद्ध रूप में।

7. अन्तिम अनुशंसात्मक वाक्य

8. प्रेषक हस्ताक्षर

9. प्रेषक नाम

10. दिनांक

11. संलग्नक (क्रम संख्या से प्रमाणपत्रों का उल्लेख)

क्रयादेश-सम्बन्धी-पत्र का प्रारूप

प्रेषक पता
फोन नं.

प्राप्तकर्ता का पता
पदनाम

विषय

औपचारिक सम्बोधन

वस्तु का विवरण

धन्यवाद ज्ञापन
दिनांक
समापन सूचक शब्द
संलग्नक

व्यावसायिक पत्रों के उदाहरण

पुस्तक विक्रेता को पुस्तक मँगाने के लिए पत्र

समता भवन
करोल बाग, दिल्ली
16 जनवरी, 1996

सेवा में,
संचालक
सन्मार्ग प्रकाशन
बैंगलो रोड, कमलानगर
दिल्ली—7

प्रिय महोदय,

कृपया निम्नलिखित पुस्तकें उचित कमीशन काटकर वी. पी. द्वारा भेजने का

कष्ट करें। इन पुस्तकों क़ी मुझे शीघ्र आवश्यकता है :

1. निराला की साहित्य साधना —डॉ. रामविलास शर्मा
2. हिन्दी भाषा —भोलानाथ तिवारी
3. कामायनी —जयशंकर प्रसाद

मैं तीन सौ रुपए अग्रिम भेज चुका हूँ।

धन्यवाद।

भवदीय

सुभाष

एजेंसी की प्राप्ति के लिए पत्र

तार पता
शुभम वस्त्र भण्डार
दिल्ली
दूरभाष 2227552

ताराचंद मनोहरलाल,
ऊनीवस्त्रों के थोक व्यापारी,
25/सी गांधीनगर
दिल्ली-31
दिनांक 5 जून, 1995
पत्र संख्या-एजेंसी 75-07-1995

सेवा में,
व्यवसाय प्रबंधक
ग्वालियर रेयान,
ग्वालियर।

विषय—'रेमंड' ऊनी वस्त्रों की एजेंसी

प्रिय महोदय,

हम आपके द्वारा किये जाने वाले 'रेमंड' ऊनी वस्त्रों की थोक एजेंसी के लिए आवेदन पत्र कर रहे हैं। हम पिछले 10 वर्ष से ऊनी वस्त्रों के थोक व्यापारी हैं। हमारे पास इस समय दिल्ली क्लाथ मिल, मफतलाल, दिग्जाम आदि प्रमुख ग्रुपों की एजेंसियाँ हैं। आपके ऊनी वस्त्रों की माँग लगातार हमारी मार्किट में बनी रहती है। आपकी कोई अधिकृत एजेंसी हमारे इलाक़े में नहीं है। हमारे पास आपकी थोक एजेंसी होने से आपके व्यापार में पर्याप्त बढ़ोतरी होगी। हमारी साख व कार्यकुशलता के विषय में आप किसी भी फर्म से पूछताछ कर सकते हैं।

उपर्युक्त तथ्यों के आलोक में आपसे निवेदन है कि अपनी एजेंसी की शर्तें

अविलम्ब भिजवाने की व्यवस्था करें। यदि सम्भव हो तो अपने प्रतिनिधि को यथाशीघ्र भेज दें। वह स्वयं आकर हमारी साख व कार्यकुशलता की जांच कर सकता है।

सधन्यवाद

शीघ्र पत्र की आशा में

भवदीय
धर्मसिंह
कृते प्रबन्धक
ताराचंद मनोहरलाल

बीमा पत्र

(जीवन बीमा की रकम के भुगतान के लिए)

प्रेषक
रमानाथ अग्रवाल
35/ए अकबर रोड
नई दिल्ली-1

सेवा में,

शाखा प्रबन्धक
जीवन बीमा निगम
नई दिल्ली शाखा
नई दिल्ली-1

सन्दर्भ : जीवन बीमा पॉलिसी संख्या 49321-एस

मान्यवर,

निवेदन है कि मेरी जीवन बीमा पॉलिसी (संख्या उपरोक्त) गत वर्ष अगस्त में पूर्ण हो चुकी है। मैंने 1979 में पचास हजार का 15 वर्षीय बीमा कराया था। मैंने अपनी मासिक किश्तों की राशि नियमित रूप से जमा कराई है। जिनकी रसीदें मेरे पास सुरक्षित हैं। अन्तिम किश्त 31 जुलाई, 1994 को भेजी गयी थी। आपसे अनुरोध है कि मेरी पॉलिसी की पूरी रकम, लाभांश और ब्याज सहित यथा-शीघ्र भिजवाने की व्यवस्था करें।

धन्यवाद सहित

भवदीय
राजमोहन

दिनांक 20 सितम्बर, 1994

संलग्न– 1. जीवन बीमा पालिसी संख्या 49321 – एस

2. उपर्युक्त पालिसी की अन्तिम किश्त की रसीद संख्या 622 दिनांक 31 अगस्त, 1995

संस्था की साख जानने हेतु पत्र

मुम्बई
दिनांक 15 मई, 1995

सेवा में,

व्यवस्थापक
राधाकृष्ण प्रकाशन
दरियागंज, दिल्ली

प्रिय महोदय,

दिल्ली में शारदा प्रकाशन से हमारा कुछ लेन-देन आरम्भ हुआ है। उन्होंने परिचय पत्र में आपका हवाला दिया है। क्या आप हमें यथाशीघ्र यह सूचित करने की कृपा करेंगे कि इस संस्था की प्रतिष्ठा और आर्थिक स्थिति कैसी है ? आपके इनके साथ कैसे सम्बन्ध हैं ? यदि आवश्यकता पड़े, तो इन्हें कितनी राशि तक का माल उधार दिया जा सकता है।

इन सूचनाओं के लिए हम आपके आभारी रहेंगे।

भवदीय
रमेश कुमार
रजत प्रकाशन
मुम्बई

होटल में कमरा बुकिंग हेतु पत्र

कलकत्ता
दिनांक 16 अप्रैल, 1996

सेवा में,

प्रबन्धक
अशोक होटल
नई दिल्ली

प्रिय महोदय,

हमारी संस्था के प्रबन्धक श्री विजय भाटिया 27 अप्रैल को दिल्ली आ रहे हैं। वे दस दिन दिल्ली में रहेंगे। इससे पहले भी वे दिल्ली आगमन पर आपके होटल में ही ठहरते रहे हैं। कृपया 27 अप्रैल से दस दिन तक के लिए एक वातानुकू-

लित कमरा उनके लिए सुरक्षित कर दें, जिससे उन्हें किसी प्रकार की असुविधा न हो।

भवदीय
नीरज
कृते स्टील अथॉरिटी ऑफ इंडिया
कलकत्ता

बैंक पत्र

(ड्राफ्ट खो जाने पर भुगतान रोकने का अनुरोध)

प्रेषक
राम मनोहर श्यामदास
15-ए पंजाबी बाग
दिल्ली-1

सेवा में,
प्रबन्धक,
भारतीय स्टेट बैंक,
वर्ली शाखा,
मुम्बई।

विषय : ड्राफ्ट संख्या सी/डी 321575 दिनांक 3-4-1995 के भुगतान पर रोक।

महोदय,

निवेदन है कि हमने भारतीय स्टेट बैंक की पंजाबी बाग शाखा, दिल्ली से दस हजार रुपए का उपरोक्त संख्या का ड्राफ्ट बनवाकर अपने व्यापारी श्री कृष्ण बिहारी शर्मा को भेजा था। अब श्री कृष्ण बिहारी शर्मा ने सूचना भेजी है कि वह ड्राफ्ट उनसे कहीं खो गया है। इस संबंध में आपसे अनुरोध है कि यदि आपके पास उपर्युक्त ड्राफ्ट आए तो कृपया उसका भुगतान न करें।

हम इस पत्र की प्रतिलिपि ड्राफ्ट जारी करने वाली बैंक शाखा को भी सूचनार्थ भिजवा रहे हैं।

सधन्यवाद

भवदीय
दीवान चंद
कृते राम मनोहर श्याम दास

संस्था के बिल के भुगतान का अनुरोध

अहमदाबाद
दिनांक 19 जून, 1995

सेवा में,

प्रबन्धक,
दिल्ली पब्लिक लाइब्रेरी
दिल्ली।

प्रिय महोदय,

गत फरवरी में हमने आपके आदेशानुसार आपके यहाँ पन्द्रह हजार रुपए की पुस्तकें भेजी थीं। इसमें से पचास प्रतिशत राशि का भुगतान आपने तुरन्त कर दिया था लेकिन बकाया राशि का भुगतान अभी तक नहीं हुआ है। बाहरी प्रकाशक जिनसे हमने पुस्तकें उधार लेकर आपको भिजवाई थीं, हमारे यहाँ चक्कर काट रहे हैं।

आपसे आशा है कि बकाया बिल के पचास प्रतिशत का आप शीघ्र भुगतान कर देंगे।

भवदीय
राजेश कुमार
राजेश प्रकाशन
एम-25, अहमदाबाद

आदेश रद्द करने के लिए पत्र

मद्रास
दिनांक 15 जनवरी, 1994

सेवा में

प्रबन्धक,
मेहरा एण्ड सन्स,
कनॉट प्लेस, दिल्ली।

प्रिय महोदय,

हमने आपके एजेंट को 36 नम्बर की 4000 पौण्ड ऊन का ऑर्डर दिया था। अभी तक हमारे 2000 पौंड ऊन पहुँच चुकी है। कई ग्राहकों से रंग आदि की शिकायतें आ चुकी हैं। यह ऊन आपके एजेंट द्वारा दिखाए गए नमूने के अनुसार

नहीं है। घटिया और शिकायती माल बेचना हमारे सिद्धान्त के विरुद्ध है। अतः माल वापस किया जा रहा है।

बाकी ऊन भेजने का कष्ट न करें।

भवदीय,
जयगोपाल रेड्डी
14-आर. के. पुरम
मद्रास

पुस्तक विक्रेता को शिकायती पत्र

ज्ञान मण्डल,
स्टेट बैंक के सामने,
बेगम हजरत महल पार्क,
लखनऊ
20 जनवरी, 1996

सेवा में,
संचालक,
वैशाली प्रकाशन,
गांधी मैदान,
पटना।

महोदय,

हमारी संस्था पिछले दस वर्ष से आपके यहाँ से पुस्तकें मँगाती रही है तथा हमें सदैव उचित कमीशन दिया जाता रहा है। पुस्तकें भी कभी संख्या में कम नहीं निकलीं। परन्तु बड़े खेद के साथ लिखना पड़ रहा है कि आदेश संख्या-245 के अनुसार आपने जो पुस्तकें भेजी हैं वे आपकी कीर्ति व प्रतिष्ठा के अनुरूप नहीं है। पुस्तकें न केवल कटी-फटी हैं अपितु संख्या में भी कम हैं। कई पुस्तकों के तो पुराने संस्करण ही भेज दिये हैं, जबकि अन्य दुकानदारों को उनके नवीन संस्करण भेजे गये हैं। इतना ही नहीं, इस बार कमीशन भी आपने कम दिया है। आपसे निवेदन है कि यदि आप हमारे साथ व्यापारिक सम्बन्ध बनाए रखना चाहते हैं तो हमारी क्षतिपूर्ति करने का कष्ट करें। यदि आपने ऐसा न किया तो हम आपकी संस्था के साथ सम्बन्ध-विच्छेद करने को बाध्य होंगे।

भवदीय,
रामकुमार
ज्ञानमण्डल प्रकाशन

माल शीघ्र मँगाने का आग्रह पत्र

जयपुर
दिनांक 23 अप्रैल, 1995

सेवा में,

प्रबन्धक,
बी. आर. इंडस्ट्रीज लिमिटेड
करोल बाग, दिल्ली।

प्रिय महोदय,

इस महीने के प्रारम्भ में हमने आपकी फर्म को दो हजार कूलर भिजवाने का ऑर्डर दिया था। लेकिन महीने के अन्त तक माल हमारे पास नहीं पहुँचा है। हमारे पास माल की माँग बढ़ती जा रही है। ग्राहक सिर्फ आपकी फर्म का बना कूलर ही लेना पसन्द करते हैं। इधर गर्मी बढ़ती जा रही है। ग्राहकों की संख्या भी इसी रफ्तार से बढ़ रही है। आपसे आशा है कि हमारी परेशानी और ग्राहकों की माँग को देखते हुए आप शीघ्र माल भिजवाने का कष्ट करेंगे।

भवदीय,
रमेश
राधा इलैक्ट्रिक सेंटर
105, अजमेर रोड, जयपुर

6

समाचार-लेखन

समाचार सूचना से सम्बद्ध होता है। इस सूचना के विविध रूप होते हैं। व्यक्ति-जीवन से लेकर सामाजिक फलक तक इसका बहुआयामी क्षेत्र फैला हुआ होता है। संसार के किसी भी कोने में घटी घटना सूचना बन सकती है। लेकिन जब तक यह घटना सम्प्रेषण के किसी माध्यम द्वारा लोगों तक नहीं पहुँचती तब तक वह समाचार नहीं बनती। घटना अपने आप में समाचार नहीं होती है। घटना का समाचार बनना एक प्रक्रिया है। इस प्रक्रिया में इलेक्ट्रोनिक, प्रिन्ट मीडिया महत्त्वपूर्ण भूमिका निभाते हैं। जिनके माध्यम से घटना की सूचना का सम्प्रेषण होता है। समाचार-लेखन की जब बात होनी है तो प्रिन्ट और इलेक्ट्रानिक्स मीडिया की भूमिका का उल्लेख भी अनिवार्य हो जाता है। संचार-क्रान्ति के इस युग में मीडिया ने समस्त विश्व को एक ग्राम के रूप में तब्दील कर दिया है। आज घर बैठे ही समस्त विश्व की जानकारी मीडिया उपलब्ध करा देता है। इससे मीडिया का दायित्व और भी बढ़ जाता है कि जो सूचना वह प्रस्तुत कर रहा है वह कहाँ तक सत्य एवं सामाजिक है।

समाचार-लेखन में सबसे महत्त्वपूर्ण तत्त्व घटना की सत्यता एवं सामयिकता ही है। घटना की असत्यता एवं असामयिकता क्षम्य नहीं होती। इससे एक ओर मीडिया की भूमिका पर प्रश्नचिह्न लगता है दूसरी ओर, पाठक की रुचि समाचार में बिल्कुल समाप्त हो जाती है। घटना को ज्यों का त्यों प्रस्तुत करना विशेष रूप से इसलिए भी अनिवार्य होता है क्योंकि मीडिया अन्ततः जनसमुदाय के प्रति जिम्मेदार होता है। उसका यह दायित्व बन जाता है कि वह अपने पाठक को घटना के वास्तविक स्वरूप से परिचित कराए। घटना की सूचना का वास्तविक एवं सत्य होने के साथ-साथ उसका तत्काल सम्प्रेषण भी विशेष रूप से अनिवार्य होता है। यदि किसी घटना का पता, घटना घटने के दस दिन बाद चले तो उस घटना एवं सूचना का महत्त्व फीका पड़ जाता है। समाचार बासी पड़ जाता है। उसका महत्त्व कम हो जाता है। सूचना-क्रान्ति के इस दौर में व्यक्ति तत्काल घटना की जानकारी

प्राप्त करना चाहता है। इसलिए यह अनिवार्य हो जाता है कि समाचार यथाशीघ्र पाठक तक पहुँचे और वह नवीनतम जानकारी से स्वयं को जुड़ा हुआ अनुभव करे। इन सबके बीच समाचार-लेखन में अप्रत्यक्ष रूप से एक महत्त्वपूर्ण गुण का विद्यमान होना अनिवार्य है—वह है जिज्ञासा। समाचार लिखते समय समाचार लेखक की दृष्टि निरन्तर इस गुण पर रहनी चाहिए जिससे समाचार रोचक बन सके और पाठक की जिज्ञासा को शान्त कर सके। यह रोचकता समाचार के वस्तु और रूप दोनों में होनी चाहिए।

समाचार की परिभाषा : समाचार को अनेक विद्वानों ने अपने-अपने ढंग से परिभाषित किया है। विलियम एल. रिवर्स के अनुसार 'समाचार घटना का वर्णन है। घटना स्वयं समाचार नहीं। घटना तथ्यों एवं विचारों की सामयिक रिपोर्ट समाचार है। जिसमें पर्याप्त लोगों की रुचि हो।' रिवर्स ने घटना की वर्णनात्मकता, सामयिकता और रोचकता पर विशेष बल दिया है। रिवर्स के अनुसार घटना समाचार नहीं है। वरन उसका वर्णन, उस सूचना की प्रस्तुति समाचार है। डॉ. एस. लाइले के मत में 'वह सत्य घटना या विचार जिसमें बहुसंख्यक पाठकों की अभिरुचि हो, समाचार कहलाता है।' यहाँ डॉ. लाइल ने किसी घटना को समाचार होने के लिए उसकी सत्यता एवं उसमें बहुसंख्यक पाठकों की अभिरुचि को अनिवार्य माना है।

इरी. सी. हापवुड के अनुसार 'घटनाओं की वह सर्वप्रथम प्राप्त रिपोर्ट समाचार होती है जिसमें जनता की रुचि हो।' यहाँ हापवुड रिपोर्ट की शीघ्र प्राप्ति एवं उसमें जन अभिरुचि को विशेष महत्त्व देते हैं। किलार्ड ब्लेयर के अनुसार जो सामयिक वात अनेक व्यक्तियों की सोच को प्रकट करती है, वह समाचार होता है। बुश ने समाचार होने के लिए सामयिक सोच एवं जन-अभिरुचि की अनिवार्यता होने की शर्त रखी है। एम. चलपतिराव जानकारी देने वाली सूचना को समाचार मानते हैं। चलपति समाचार का क्षेत्र अत्यन्त व्यापक कर देते हैं। उनके अनुसार वह सब कुछ जिससे आप कल तक अनजान थे, समाचार होता है। अम्बिका प्रसाद वाजपेयी समाचार में सार्वजनिकता को सर्वोपरि दर्जा प्रदान करते हैं। उनका मानना है कि प्रत्येक घटना समाचार नहीं होती केवल वही घटना समाचार बनने के योग्य होती है जिसका कुछ सार्वजनिक महत्त्व हो। जार्ज एच. मोरिस की मान्यता है कि जल्दी में लिखा गया इतिहास ही वस्तुतः समाचार है। समाचार की परिभाषा विस्तृत रूप में प्रस्तुत करते हैं उनकी मान्यता है कि जो कुछ हुआ या जिसके होने की सम्भावना हो, उसका सही, पूरा-पूरा निष्पक्ष विवरण ठीक समय पर रोचक ढंग से प्रस्तुत करना समाचार है।

उपरोक्त विवरण में तीन बातें सामान्य रूप से उभर कर आती हैं जो सभी विद्वानों को मान्य हैं :

(क) घटना की सत्यता।

(ख) घटना की सामयिकता और

(ग) घटना की रोचकता (जन अभिरुचि की दृष्टि से)

निष्कर्षतः कहा जा सकता है कि सत्य, नवीनता, अधिकांश व्यक्तियों की रुचि वाली समसामयिक घटनाओं से सम्बन्धित वह प्रत्येक सूचना समाचार होती है जिसमें तथ्यपरकता, रोचकता एवं विचार तत्त्व का सामंजस्य होता है। वास्तव में अंग्रेजी शब्द (न्यूज) का तात्पर्य ही चारों दिशाओं से प्राप्त सूचना है।

समाचार चारों दिशाओं नॉर्थ (उत्तर), ईस्ट (पूर्व), वेस्ट (पश्चिम), साउथ (दक्षिण) से जुड़ा होता है। वह सबकी खबर लेता है, सबको खबर देता है उसमें नवीनता होती है। इस प्रकार वह घटित घटना जिसमें नवीनता, सामयिकता, सत्यता, रोचकता जैसे गुण हों और जो मनुष्य की रुचि-ज्ञान में वृद्धि कर सके, उसे उत्तेजित कर सके, समाचार होती है।

समाचार के तत्त्व : समाचार की परिभाषा से स्पष्ट है कि तथ्य कभी समाचार नहीं बन सकता। उस तथ्य (घटना) का सत्य, सामयिक एवं रोचक होना अनिवार्य होता है। समाचार की परिभाषा के आधार पर समाचार के निम्न तत्त्व होते हैं।

1. सामयिकता : घटना समयबद्ध होती है। एक निश्चित समय के भीतर ही उसका महत्त्व होता है। जब घटना की सूचना समय-सीमा को लाँघ जाती है तो वह अपना अर्थ एवं महत्त्व खो देती है। अर्थात् घटना की सूचना की जानकारी जब एक निश्चित अवधि के भीतर पाठक को प्राप्त नहीं होती तो ऐसी सूचना में पाठक की रुचि कम हो जाती है। पर सामयिकता का गुण महत्त्वपूर्ण भूमिका निभाता है। सामयिकता से तात्पर्य है—घटना की सूचना की यथाशीघ्र जानकारी पाठक तक पहुँचाना। आठ-दस दिन बाद घटना की सूचना मिलने पर उसमें बासीपन आ जाता है। पाठक की रुचि उसके प्रति कम हो जाती है। इस प्रकार सामयिकता समाचार का अनिवार्य तत्त्व है जो तत्काल पाठक को घटना की जानकारी उपलब्ध कराता है।

2. सत्यता : सत्य की अभिव्यक्ति समाचार का मूलभूत तत्त्व हैं। वस्तुतः कोई घटना समाचार तभी बनती है जब वह वास्तव में घटी हो। समाचार लिखते समय यह अनिवार्य हो जाता है कि लेखक केवल घटना से सम्बद्ध तथ्यों को ही प्रस्तुत न करे, वरन् उनमें अन्तर्निहित सत्य का भी पता लगाए। केवल सुनी-सुनाई बातों के आधार पर समाचार नहीं लिखना चाहिए। समाचार-लेखक को घटना के सभी विविध पहलू जो परस्पर जुड़े होते हैं, उनकी जाँच करनी चाहिए। कार्यालय में बैठकर समाचार लिखने की अपेक्षा उसे घटना-स्थल पर जाकर वस्तु-स्थिति का पता लगाना चाहिए और घटना से सम्बन्धित सभी तथ्य जानने के पश्चात् समाचार लिखना चाहिए। इसमें समाचार की विश्वसनीयता बढ़ती है। समाचार में सत्यता

का अभाव होने से समाचार-पत्र की लोकप्रियता पर गहरा असर पड़ता है। समाचार की सत्यता से जुड़ा एक अन्य महत्त्वपूर्ण बिन्दु यह है कि समाचार-लेखक को किसी भी प्रकार के राजनीतिक, सामाजिक और आर्थिक दबाव में रहकर भी सत्य का प्रस्तुतीकरण ही असली पत्रकारिता होती है।

3. वस्तुपरकता : वस्तुपरकता से तात्पर्य तथ्यों के यथारूप प्रस्तुतीकरण से है। समाचार लेखक को चाहिए कि वह घटना से जुड़े प्रत्येक पक्ष को ज्यों का त्यों पाठक के समक्ष रखे। घटना के किसी भी पक्ष का दबाव या अन्य कारणों से प्रकाशित करने से रोकना समाचार की आचार-संहिता के विरुद्ध होता है। घटना-सम्बद्ध तथ्य अपने मूल रूप में प्रस्तुत करने चाहिए। किसी के निजी हित में उनको तोड़-मरोड़ कर प्रस्तुत करना वस्तुतः समाचार के साथ खिलवाड़ करना हैं। तथ्य प्रस्तुत करते समय लेखक को समाचार में अपनी राजनीतिक विचारधारा या निजी विचारों को व्यक्त नहीं करना चाहिए समाचार में लेखक की राजनीतिक या निजी विचारों की घुसपैठ सूचना के मूल रूप को विकृत कर देती है। इससे पाठक दिग्भ्रमित हो जाता है, किसी निश्चित निष्कर्ष को निकाल पाना उसके लिए कठिन हो जाता है। इस प्रकार से एक अच्छे समाचार में वस्तुपरकता के गुण की अपेक्षा रहती है कि उसमें घटना की सूचना निष्पक्ष एवं तटस्थ भाव से प्रस्तुत की गई हों। घटना से जुड़े सारे तथ्य उसमें विद्यमान हों।

4. नवीनता : समाचार में नवीनता अपेक्षित होती है। उसका नवीन होना इस अर्थ में है कि घटना से जुड़ी नवीन से नवीन अन्तिम बात का उसमें समावेश हो। उदाहरण के तौर पर मान लीजिए किसी घटनास्थल पर सायं पांच बजे बम विस्फोट हो गया। अखबार में खबर छपने का समय रात आठ बजे है तो लेखक के लिए अनिवार्य है कि वह पांच से आठ के बीच के तीन घंटों में घटनास्थल की ताजा जानकारी प्राप्त करे और उसे पाठकों के समक्ष प्रस्तुत करे। नवीनता से जुड़ा एक अन्य पहलू यह है कि एक ही समाचार को पुनः प्रस्तुत नहीं करना चाहिए। अगर पुनः प्रस्तुत करना भी पड़े तो उसमें नवीन जानकारी होनी चाहिए। पाठक की यह माँग रहती है और समाचार-लेखक का यह दायित्व बनता है कि उसे घटना की नवीनतम जानकारी से परिचित कराए। प्रतियोगिता की दृष्टि से भी समाचार-पत्रों में समाचार-लेखन में नवीनता को विशेष महत्त्व प्राप्त होता है। एकदम ताजा जानकारी उपलब्ध कराने वाले पत्रों की लोकप्रियता एवं बिक्री संख्या अधिक होती है। ताजा जानकारी देने के लिए कई समाचार-पत्रों द्वारा सांध्य संस्करण निकालना इसका उदाहरण है।

5. रोचकता : वस्तुतः किसी समाचार का अस्तित्व एक हद तक इस बात पर निर्भर करता है कि उसमें रोचकता की मात्रा कितनी है। कोई पाठक समाचार तभी पढ़ता है जब वह उसे रुचिकर लगे। समाचार में इसीलिए जिज्ञासा उत्पन्न

करने का गुण अनिवार्य माना गया है। कोई समाचार कितना सार्थक वस्तुतः है वह इस बात पर निर्भर करता है कि पाठक उसको पढ़ने में रुचि रखता है या नहीं। वस्तुतः समाचार में रोचकता एवं कुतूहलका होना अनिवार्य होता है क्योंकि इससे समाचार अधिक पठनीय होता है। रोचकता उसे पठनीय बनाती है तथा पाठक की जिज्ञासा को शान्त करती है। अरुचि उत्पन्न करने वाले समाचार को पाठक अनदेखा कर देता है। लेकिन इस सन्दर्भ में एक महत्त्वपूर्ण बात यह है कि रोचकता और कुतूहल प्रदर्शन के मोह में समाचार को सत्यता से दूर नहीं ले जाना चाहिए तथ्यों के साथ खिलवाड़ नहीं करना चाहिए। वस्तुतः समाचार में मर्यादित रोचकता ही अभीष्ट होती है जो सत्य एवं तथ्य के साथ-साथ उनको बिना किसी तरह का नुकसान पहुँचाए चलती रहती है और सत्य एवं तथ्यों को रोचक ढंग से प्रस्तुत करती है।

6. संक्षिप्तता : समाचार में संक्षिप्तता दो कारणों से जरूरी है—प्रथम वर्तमान भागा-दौड़ी के समय में पाठक के पास इतना समय नहीं होता कि वह विस्तृत समाचार पढ़े, दूसरे स्वयं समाचार-पत्र में इतना स्थान नहीं होता है कि उसमें सभी समाचार बहुत लम्बे लेखों के रूप में प्रस्तुत हों। वस्तुतः संक्षिप्त समाचार ही अधिक पठनीय होता है समाचार संक्षिप्त होने के साथ उसमें यह भी अनिवार्य होता है कि उसमें समस्त सूचना विद्यमान हो। शैली की दृष्टि से भी समाचार-शैली संक्षिप्त एवं सपाट होनी चाहिए। उसमें अनावश्यक विस्तार नहीं होना चाहिए।

7. सम्पूर्णता : वस्तुतः कोई सूचना तभी समाचार कहलाती है जब उसे सम्पूर्णता में प्रस्तुत किया जाए। अपूर्ण या आधी-अधूरी जानकारी लेने और देने से समाचार लेखक को बचना चाहिए। समाचार का स्वरूप संक्षिप्त हो या विस्तृत उसमें तथ्यों, विचारों एवं घटना की सम्पूर्णता होनी चाहिए। आधे-अधूरे विवरण से पाठक भ्रमित हो जाता है। उसे पूरी जानकारी नहीं मिल पाती। घटना की गहराई में जाकर समाचार-लेखक को उसके कारण परिणामों पर भी दृष्टि केन्द्रित करनी चाहिए। समाचार के ढाँचे में घटना के सारे तथ्यों का क्रमशः विवरण अपेक्षित रहता है। इसमें समाचार पूर्ण एवं सार्थक बन जाता है।

8. भाषा-शैली : भाषा-शैली लेखक के निजी व्यक्तित्व की पहचान होती है। अतः उसके विविध रूप होते हैं। एक समाचार-पत्र में अनेक प्रकार के समाचार प्रकाशित होते हैं। जिनको अलग-अलग व्यक्तियों द्वारा लिखा जाता है। प्रत्येक समाचार-लेखक की अपनी अलग भाषा-शैली होती है। दूसरे प्रत्येक समाचार-पत्र की अपनी भाषा नीति होती है जिससे उसकी भाषा-शैली में थोड़ी-बहुत भिन्नता पाई जाती है। तीसरे विषय विशेष अच्छी तरह व्यक्त करती है। सामान्य शब्दों में वह शक्ति नहीं होती जो विशेष विषय को सार्थक अर्थ प्रदान कर सके। स्पष्ट है कि विषय, प्रदेश आदि के आधार पर भाषा-शैली में पर्याप्त भेद पाया जाता

है। उत्तर-प्रदेश, राजस्थान से निकलने वाले समाचार पत्रों में परिनिष्ठित हिन्दी का प्रयोग किया जाता है। पंजाब, हरियाणा से निकलने वाले पत्रों में प्रयुक्त भाषा आसान एवं उर्दू, पंजाबी से मिश्रित होती है।

शीर्षकों की भाषा-शैली की अपनी अलग भाषा-शैली होती है क्योंकि शीर्षक में कम से कम शब्दों का प्रयोग करके अधिक से अधिक प्रभाव उत्पन्न करने की कोशिश की जाती है। समाचार का शीर्ष वाक्य वर्तमान तालिका क्रिया में होती है। समाचार-लेखन में भाषा-शैली का कोई स्पष्ट एवं निश्चित मानदंड नहीं होता है। किन्तु उसमें एक बात सामान्य रूप से होनी चाहिए। सरल सुबोध भाषा में समाचार लिखना चाहिए। अखबार क्योंकि आम जनजीवन से जुड़ा हुआ है। अतः इसकी भाषा-शैली में आम जीवन जैसी सरलता-सहजता होनी चाहिए। जहाँ तक सम्भव हो जन-सामान्य की समझ में आने वाली भाषा का प्रयोग करना चाहिए।

शैली की दृष्टि से सरल शब्दों एवं छोटे-छोटे वाक्यों का प्रयोग करना चाहिए। अंग्रेजी भाषा में बड़े-बड़े संयुक्त, मिश्रित एवं उलझे हुए वाक्य गठन की परम्परा है। किन्तु हिन्दी में ऐसा नहीं है। हिन्दी की शैली छोटे-छोटे वाक्यों के प्रयोग की है जिसमें सरलता और सहजता पर विशेष जोर दिया जाता है। शैली में दोहरे अर्थ वाले शब्दों के प्रयोग से बचना चाहिए। लाक्षणिकता का प्रयोग भी यथासम्भव कम से कम करना चाहिए। द्विअर्थी शब्दों एवं लाक्षणिक प्रयोगों की बहुलता समाचार-सम्प्रेषण में बाधक होती है। संख्याएँ लिखते समय अंकों के स्थान पर शब्दों का प्रयोग करना चाहिए। 10, 16, 21 के स्थान पर दस, सोलह, इक्कीस लिखना चाहिए। संक्षिप्त नामों को जैसे 'दि. प.' को पूर्ण रूप में लिखना चाहिए। अन्यथा 'दि.प.' जो कि 'दिल्ली परिवहन' है को 'दिल्ली पुलिस' पढ़ने में भ्रम हो सकता है।

समाचार के प्रकार

समाचार मुख्यतः दो प्रकार के होते हैं :

1. प्रत्याशित समाचार।
2. अप्रत्याशित समाचार।

प्रत्याशित समाचार वे समाचार होते हैं जिनका होना निश्चित होता है। प्रत्याशित समाचार उन घटनाओं की सूचना देते हैं जो पहले से ही निर्धारित होती हैं। उदाहरण के तौर पर राष्ट्रपति जी ने प्रधानमन्त्री से इक्कीस मई तक बहुमत सिद्ध करने को कहा। बहुमत सिद्ध करने से सम्बन्धित इस समाचार की सूचना पहले ही मिल गई है। बहुमत सिद्ध करने का समय पूर्व निर्धारित है। अतः यह प्रत्याशित समाचार होगा। प्रत्याशित समाचार घटनाओं, वृत्तांतों पर आधारित होते हैं। इनका पता घटना घटने से पूर्व ही चल जाता है कि फलां दिन अमुक कार्य सम्पन्न होगा।

अप्रत्याशित समाचार ही वस्तुतः वे समाचार होते हैं जो किसी समाचार-पत्र को पठनीय बनाते हैं। अप्रत्याशित घटनाओं, वृत्तान्तों का उल्लेख इन समाचारों में होता है। ये घटनाएँ पूर्व निर्धारित नहीं होतीं वरन अकस्मात् घट जाती हैं। जैसे—प्राकृतिक प्रकोप, दुर्घटनाएँ, अपराध आदि एकदम से घट जाती हैं तो उस घटना की सूचना अप्रत्याशित समाचार की श्रेणी में आएगी। बस में जेब कट जाना अप्रत्याशित समाचार है क्योंकि व्यक्ति को पहले से ज्ञात नहीं था कि उसके साथ ऐसा हो जाएगा। अप्रत्याशित समाचार एकदम उत्सुकता उत्पन्न करते हैं और पाठक को समाचार पढ़ने को बाध्य करते हैं। पत्रों में इन्हीं समाचारों की बहुलता रहती है।

स्वरूप एवं आकार की दृष्टि से समाचार के दो भेद होते हैं :

1. विशिष्ट समाचार।
2. व्यापी समाचार।

विशिष्ट समाचार का क्षेत्र भी विशेष ही होता है। वह किसी विशेष व्यक्ति, स्थान, समय से जुड़ा होता है। विशिष्ट समाचार का महत्त्व एक निश्चित अवधि एवं क्षेत्र विशेष में ही रहता है। इस क्षेत्र से बाहर उसका महत्त्व नहीं होता। विशिष्ट समाचार में उस व्यक्ति या समाज की ही रुचि होती हैं जिससे वह समाचार सम्बद्ध होता है। जैसे 'दिल्ली विकास प्राधिकरण में चतुर्थ श्रेणी कर्मचारियों की हड़ताल' या फिर 'दिल्ली पुलिस की कार्य प्रणाली में सुधार होंगे।' यह समाचार दिल्ली के क्षेत्र-विशेष से जुड़े हैं। मद्रास या कलकत्ता के आदमी की इनमें कोई रुचि नहीं हो सकती। दूसरी ओर, व्यापी समाचार प्रत्येक क्षेत्र में जनसमुदाय को रुचिकर लगते हैं, जानकारी प्रदान करते हैं। व्यापी समाचार की व्याप्ति राष्ट्रीय से अन्तर्राष्ट्रीय परिदृश्य तक हो सकती है। जैसे 'शेयर बाजार में अरबों रुपए का घोटाला' या फिर 'लोकसभा के चुनाव अप्रैल में।'

समाचार-लेखन की प्रक्रिया

समाचार-लेखन में कला और विज्ञान दोनों के ही गुण विद्यमान हैं। कला वह इस अर्थ में है कि कोई अच्छा, अनुभवी समाचार-लेखक ही अच्छा समाचार लिख सकता है। समाचार-लेखक का भाषा पर अच्छा अधिकार होना चाहिए। भाषा पर पकड़ होने से समाचार की प्रस्तुति प्रभावशाली ढंग से हो जाती है। समाचार-लेखक को विविध विषयों से सम्बन्धित शब्दावली का ज्ञान भी होना चाहिए। जिसमें वह समाचार को रोचकता और कल्पना का पुट प्रदान कर सके। ये सब कला के गुण हैं। समाचार-लेखन विज्ञान इस अर्थ में है कि उसमें तथ्यों का प्रस्तुतीकरण होता है, उनका वैज्ञानिक विश्लेषण होता है। समाचार-लेखन की प्रक्रिया में शीर्षक, सूत्रोल्लेख, व्याख्या एवं निष्कर्ष आदि का निश्चित क्रम होता है। इसी कारण

समाचार-लेखन विज्ञान की श्रेणी में आता है। समाचार-लेखन की इस निश्चित प्रक्रिया का उल्लंघन करके समाचार नहीं लिखा जा सकता। दूसरी ओर, समाचार-लेखन की प्रक्रिया में कला के गुणों का होना भी अनिवार्य है क्योंकि कला ही समाचार को पठनीय एवं रोचक बनाती है। वस्तुतः समाचार-लेखन एक वैज्ञानिक कला है। समाचार-लेखन की प्रक्रिया के प्रमुख घटक हैं—शीर्षक, आमुख, विवरण तथा निष्कर्ष। इन्हीं चारों चरणों से गुजर कर कोई घटना समाचार बन पाती है।

1. शीर्षक : समाचार का शीर्षक निर्धारित करना समाचार-लेखन प्रक्रिया का सर्वप्रथम अनिवार्य कार्य है। शीर्षक समाचार के महत्त्व को स्पष्ट कर देता है। समाचार की पठनीयता बहुत हद तक उसके शीर्षक पर निर्भर करती है। यदि शीर्षक रोचक नहीं है तो वह पाठक में उत्सुकता उत्पन्न नहीं कर पाएगा। शीर्षक में पाठक की अरुचि होने से सम्पूर्ण समाचार को वह अनदेखा कर देता है। शीर्षक का निर्धारण दो प्रकार से किया जा सकता है। प्रथम, घटना के किसी महत्त्वपूर्ण बिन्दु के आधार पर शीर्षक तय किया जा सकता है। दूसरे, घटना की सम्पूर्ण सूचना को दृष्टि में रखकर शीर्षक दिया जा सकता है। शीर्षक का निर्धारण किसी भी प्रकार से हो लेकिन उसका संक्षिप्त होना अत्यन्त अनिवार्य है। उसकी भाषा सहज-सरल होनी चाहिए। जहाँ तक सम्भव हो वह सम्पूर्ण समाचार का प्रतिनिधित्व करने वाला हो।

2. आमुख : शीर्षक उपरान्त समाचार-लेखन में आमुख लिखा जाता है। आमुख को समाचार की भूमिका भी कहते हैं। आमुख में सम्पूर्ण घटना का सार-तत्त्व दो-तीन पंक्तियों में इस प्रकार प्रस्तुत करना होता है कि उसमें वर्णित विषय के मूलभाव का बोध हो जाए। इसमें पाठक को आगे का विवरण पढ़ने की उत्सुकता होती है। किसी समाचार में छः ककारों (क्या, कहाँ, कब, किसने, क्यों, कैसे) का विशेष महत्त्व होता है। आमुख में इन छः ककारों में से कम से कम दो-तीन का समावेश अवश्य होना चाहिए। जैसे—

1. शीर्षक : प्रापर्टी डीलर के विरुद्ध जालसाजी का मुकदमा।

2. आमुख : (नभाटा समाचार) नई दिल्ली, 10 मई। उत्तरी दिल्ली के गांव बुराड़ी में ग्राम सभा की जमीन धोखाधड़ी से बेचने के आरोप में एक प्रापर्टी डीलर के विरुद्ध मुकदमा दर्ज किया गया है।

प्रस्तुत आमुख में घटना से सम्बन्धित कहाँ, कब, क्यों, किसने, आदि ककार स्वतः आ गए।

कहाँ : 'कहाँ' से तात्पर्य घटना घटने के स्थल से है।

कब : 'कब' का सम्बन्ध समय, तिथि, महीना तथा वर्ष से होता है।

क्या : 'क्या' घटना के स्वरूप को उद्घाटित करता है। वह बताता है कि घटना किस से जुड़ी है।

क्यों : 'क्यों' का सम्बन्ध घटना के कारण से जुड़ा होता है।

किसने : घटना से प्रत्यक्ष एवं अप्रत्यक्ष रूप से कौन जुड़ा है, इसको 'किसने' के अन्तर्गत रखा जाता है।

कैसे : घटना कैसे घटी।

प्रस्तुत आमुख में इसमें से अधिकतर ककार प्रयुक्त हुए हैं। बाकी बचे ककार घटना के विस्तृत विवरण के अन्तर्गत आ जाते हैं।

3. विवरण : पुलिस में दर्ज रिपोर्ट के अनुसार गांव बुराड़ी की भूमि पर आबाद कौशिक एन्कलेव में खसरा न. 46/18 की तीन बीघा 14 बिस्वा 1984 में ग्राम सभा में शामिल की गई थी। इस पर प्रोपर्टी डीलर दीनानाथ त्यागी ने जालसाजी करके कब्जा कर लिया और 1992 में सौ-सौ गज के प्लाट काटकर बेच दिए। कुछ लोग प्लाट पर मकान बनाकर रहने लगे। बाद में पता चला कि यह जमीन ग्राम सभा की थी। ठगे गए लोगों ने मुख्यमंत्री से शिकायत की है।

घटना के इस विवरण में कैसे, क्यों, कब आदि ककारों का विवरण मिल जाता है। विवरण समाचार के स्वरूप पर निर्भर करता है। यदि समाचार संक्षिप्त है तो एक अनुच्छेद में ही उसका विवरण दिया जा सकता है। यदि समाचार विस्तृत है तो उसमें कई अनुच्छेद बनाए जाते हैं। विस्तृत समाचार का विवरण एक ही अनुच्छेद में देना उचित नहीं है। विस्तृत विषय को अलग-अलग अनुच्छेदों में प्रस्तुत करने से उसमें स्पष्टता एवं रोचकता आ जाती है और पाठक बोरियत महसूस नहीं करता।

निष्कर्ष : समाचार लेखन प्रक्रिया का अन्तिम चरण निष्कर्ष होता है। निष्कर्ष में समाचार में दिए गए विवरण का सार संक्षिप्त रूप में प्रस्तुत किया जाता है। प्रत्येक समाचार के कुछ संभावित परिणाम होते हैं जिनका उल्लेख भी निष्कर्ष के अन्तर्गत कर देना चाहिए। जैसे 'अप्रैल, 1996 के आम चुनाव में किसी भी पार्टी को पूर्ण बहुमत नहीं मिला।' 'कांग्रेस आशानुकूल पर्याप्त सीटें प्राप्त करने में असफल।' ऐसे समाचारों को प्रस्तुत करते समय यह निष्कर्ष प्रस्तुत करना अनिवार्य हो जाता है कि बहुमत न होने की स्थिति में राष्ट्रपति द्वारा किस पार्टी को सरकार बनाने के लिए आमंत्रित करना चाहिए। कांग्रेस की हार और भाजपा की बढ़त के क्या कारण थे। सरकार बनाने के लिए किसको, कहाँ से समर्थन प्राप्त हो सकता है आदि आदि।

समाचार के स्रोत : समाचार-लेखक को समाचार के स्रोतों के अभाव में समाचार-लेखन का कार्य अत्यन्त दुष्कर हो जाता है। उसे समाचार एजेंसियों के अतिरिक्त प्रमुख स्थानों, व्यक्तियों, संस्थाओं की जानकारी होनी चाहिए। इनकी जानकारी होने पर इनका यथावसर उपयोग करना चाहिए।

समाचार स्रोतों के उपयोग में सर्वप्रथम कार्य सम्पर्क स्थापित करने का होता

है। समाचार-लेखक को ऐसे प्रत्येक व्यक्ति से सम्पर्क स्थापित करना चाहिए जो उस समाचार-विशेष से सम्बद्ध हो—जिसको समाचार-लेखक़ लिखने वाला है। यह सम्पर्क तब तक जारी रखना चाहिए जब तक अपेक्षित जानकारी प्राप्त न हो जाए। सम्पर्क स्थापित करते समय आत्मीयता बरतनी चाहिए। जिससे जानकारी देने वाला स्रोत कुछ छिपा न सके। समाचार-लेखक को समाज-विज्ञान एवं मनोविज्ञान का ज्ञान होना भी अनिवार्य है। कई बार कई घटनाओं का खुलासा समाज-विज्ञान एवं मनोविज्ञान के आधार पर भी होता हैं। अफवाह आधारित समाचार नहीं लिखना चाहिए। इसके स्थान पर अफवाहों का खण्डन करना चाहिए। घटना की पूरी तह में जाकर वास्तविक स्थिति का पता लगाना चाहिए। बन्द कमरे में बैठकर समाचार लिखने से वास्तविकता नहीं आती।

विभिन्न संस्थाओं द्वारा प्रकाशित निजी समाचार बुलेटिन व पाठकों के पत्र भी सूचना के स्रोत होते हैं। इनका उपयोग भी किया जा सकता है। समाचार प्राप्ति का सबसे महत्त्वपूर्ण स्रोत हैं—समाचार एजेंसियाँ। अधिकतर इन एजेंसियों का अपना कोई पत्र नहीं होता। इनका कार्य केवल समाचार संग्रह करने का होता है। समाचार एकत्र करके ये एजेंसियाँ उन समाचारों को भिन्न-भिन्न समाचार-पत्रों को भेजती हैं। इन एजेसियों के समाचार अधिक विश्वसनीय एवं सम्पूर्ण होते हैं क्योंकि इनका उद्देश्य व्यावसायिक होता है। विश्व में इस समय 120 से अधिक राष्ट्रीय समाचार एजेंसियाँ कार्य कर रही हैं। भारत में इनकी संख्या सत्तर से अधिक हैं। इसमें चालीस विदेशी तथा तीस स्वदेशी हैं। समाचार एजेंसियों में प्रेस ट्रस्ट ऑफ इंडिया, युनाइटेड न्यूज ऑफ इंडिया, हिन्दुस्तान समाचार, समाचार भारती, यूनीवार्ता, नेशनल न्यूज सर्विस तथा भाषा प्रमुख हैं।

समाचार-लेखन के कुछ उदाहरण

राष्ट्रीय समाचार

1. भारत के नेतागण अब साझा सरकार की आदत अपनाएँ

लंदन, 19 मई (भाषा)। विश्व का सबसे बड़ा जनतांत्रिक देश भारत राजनीतिक अस्थिरता के दौर से गुजर रहा है और परिणाम से यह सब मिला है कि राजनीतिज्ञों को दीर्घकालीन साझा सरकार में रहकर काम करने की आदत डालनी चाहिए।

पश्चिमी देशों के प्रसिद्ध राजनीतिक विश्लेषकों का मत है कि भारत में राजनीतिक परम्परा विध्वंस रूप ले रही है। सर्वहारा वर्ग के लोगों एवं बाहरी शक्तियों ने इसे ज्यादा ध्वस्त किया है। द टाइम्स ने अपनी सम्पादकीय टिप्पणी में लिखा है कि कांग्रेस को मतदाताओं ने भ्रष्टाचार, अंतःकलह, अनिर्णयात्मक

नेतृत्व तथा अधिक आर्थिक सुधार एवं ग्रामीण जनजीवन में सुधार लाने में विफलता का दंड दिया है। टेलीग्राफ, इंडीपेंडेंट तथा द गार्जियन ने भी इसी तरह की भावना प्रकट की। वे इस बात से एकमत हैं कि भारतीयों का काफी हद तक कांग्रेस से मोहभंग हो गया है अधिकतर समाचार-पत्रों ने कहा कि कांग्रेस देश को एकजुट रखने में सफल रही है, परन्तु अब धार्मिक, जातिगत एवं क्षेत्रीय आधार पर ले जाने से भारत के टुकड़े होने की आशंका बढ़ गई है।

इन समाचार-पत्रों ने जहाँ चार सालों को छोड़कर आजादी के समय से अब तक सत्ता सभाँलने का श्रेय कांग्रेस को दिया है वहीं यह भी कहा है कि हाल के दिनों में भ्रष्टाचार, खरीद-फरोख्त तथा आपसी कटुता के कारण कांग्रेस का स्तर गिरा है। आगे भी यह स्थिति बने रहने की सम्भावना है। भारतीय जनता पार्टी के उदय को भारत की परम्परा से तालमेल रखने वाली शक्ति बताया परन्तु वे इस पार्टी के रुख को परिभाषित करने में असमर्थ रहे।

द टाइम्स, द गार्जियन एवं द टेलिग्राफ ने भाजपा को मध्यमार्गी दक्षिण पंथी बताया और कहा कि वह भी बाजार सुधार के प्रति प्रतिबद्ध है। लेकिन साथ ही बहुराष्ट्रीय कम्पनियों के प्रति उसका आक्रामक रुख है और धार्मिक एवं भाषाई अल्पसंख्यकों को उनके विशेष अधिकार से वंचित करना चाहती है। सभी पत्रों का इस बारे में समान मत है कि भाजपा सरकार परमाणु बम एवं प्रक्षेपास्त्र बनाने के कार्यक्रमों पर अमल करेगी जिससे क्षेत्रीय सुरक्षा पर गंभीर खतरा उत्पन्न हो सकता है। इन पत्रों का रामो-वामो की छवि के प्रति भी अच्छा रुख नहीं है। उनका कहना है कि यह मोर्चा विदेशी पूंजी निवेश, आर्थिक उदारीकरण एवं भारत की जर्जर हालत वाली कम्पनियों को निजी क्षेत्र को सौंपने के प्रस्ताव के प्रति और ज्यादा आक्रामक है।

अन्तर्राष्ट्रीय समाचार

वाजपेयी भारत-पाक वार्ता को बहाल करेंगे : बेनजीर

इस्लामाबाद, 19 मई (प्रे. ट्र.)। पाकिस्तान की प्रधानमंत्री बेनजीर भुट्टो ने आशा जताई है कि भारत के नए प्रधानमंत्री अटल बिहारी वाजपेयी भारत-पाक वार्ता को फिर से पटरी पर लाएँगे।

श्री वाजपेयी के प्रधानमंत्री पद सम्भालने के बाद अपनी पहली प्रतिक्रिया मं बेनजीर ने कल गिलगित में पत्रकारों से कहा कि कश्मीर का मुद्दा, इस क्षेत्र में स्थाई शान्ति के लिए सुलझना बेहद जरूरी है। उन्होंने कहा कि क्षेत्र में कायम गतिरोध को दूर करने के लिए भारतीय नेताओं को अपनी नीतियों की समीक्षा करनी चाहिए।

बेनजीर ने इस बात के कोई संकेत नहीं दिए कि पाकिस्तान जम्मू-कश्मीर

में उग्रवादियों को दी जाने वाली मदद को रोकने के लिए कोई कदम उठा रहा है। यही वह मुद्दा है जो पाकिस्तान और भारत के बीच गतिरोध की सबसे बड़ी वजह है।

उधर पाकिस्तान मीडिया ने भारतीय प्रजातन्त्र की मुक्तकंठ से प्रशंसा की है। पाक मीडिया के अनुसार जिस तरह भारत में आम चुनाव सफलतापूर्वक सम्पन्न हुए। इससे जाहिर होता है कि प्रजातांत्रिक मूल्यों का भारत में कितना बखूबी निर्वाह हो रहा है। मीडियां का यह भी कहना है कि भारत में अब सर्वोच्च न्यायालय और चुनाव आयोग प्रजातंत्र का संरक्षक है और भारतीय राजनीतिक दल और मतदाता प्रजातांत्रिक संस्कृति के अनुकूल अच्छे-खासे ढल गए हैं। कई अखबारों का यह भी मत है कि भारत में राव सरकार की आर्थिक उदारता की नीतियाँ भ्रष्टाचार के चलते कारगार साबित नहीं हो पाई।

राजनीतिक समाचार

भाजपा को लग रहा है कि विश्वास मत नहीं मिलेगा

नई दिल्ली, 21 मई। भारतीय जनता पार्टी को अब लगने लगा है कि काफी हाथ-पैर मारने के बावजूद वह सदन में विश्वास मत प्राप्त करने के लिए आवश्यक समर्थन नहीं जुटा पाएगी। यही वजह है कि अब उसने वस्तुस्थिति से जनता को अवगत कराने के लिए जनता के बीच जाने का फैसला किया है। आगामी 25 मई को भाजपा देश भर में 'जनादेश सम्मान दिवस' मनाएगी। रैलियाँ,. नुक्कड़ सभाओं तथा गोष्ठियों के द्वारा लोगों को यह बताया जाएगा कि कैसे कुछ राजनीतिक दल 1996 के जनादेश को विकृत रूप से प्रस्तुत करने का अथक प्रयास कर रहे हैं।

भाजपा की राष्ट्रीय कार्यकारिणी की आज यहाँ हुई अनौपचारिक बैठक में इस आशय का प्रस्ताव पारित कर कहा गया है कि इस दिन भाजपा और उसकी सरकार को लोगों का जो समर्थन प्राप्त है, उसे प्रदर्शित करने के लिए सभी जिला मुख्यालयों में बैठकें और रैलियाँ आयोजित की जाएँगी। भाजपा में अन्य क्षेत्रीय दलों एवं निर्दलियों का समर्थन प्राप्त करने को लेकर जो उतार-चढ़ाव का माहौल बना हुआ है, उसे देख कर आज ऐसा नहीं लगा कि भाजपा अपनी सरकार को लेकर आश्वस्त है।

लेकिन भाजपा के वरिष्ठ नेता अभी भी अपनी बातों को दोहराते हुए कह रहे हैं कि अगले दो दिन के अन्दर कुछ आश्चर्य मिश्रित परिणाम सामने आ सकते हैं। भाजपा महासचिव एम. वैंकय्या नायडु ने संवाददाताओं से कहा कि प्रधानमन्त्री अटल बिहारी वाजपेयी के नेतृत्व में गठित मिली-जुली सरकार को लोकसभा में विश्वासमत प्राप्त हो जाएगा। लेकिन यह कैसे प्राप्त होगा, इसे लेकर यह रहस्य

को बनाए रखना चाहते हैं। उन्होंने इतना जरूर कहा कि भाजपा कांग्रेस, जनता दल, और वामदलों से समर्थन का कतई इरादा नहीं रखती। केवल क्षेत्रीय दलों से ही समर्थन की बातचीत चल रही है। खासतौर से आन्ध्रप्रदेश, तमिलनाडु और असम के क्षेत्रीय दलों को लेकर वह काफी आशान्वित है।

राष्ट्रीय कार्यकारिणी की अनौपचारिक बैठक में अन्य क्षेत्रीय दलों से समर्थन जुटाने के प्रयासो को लेकर भी चर्चा हुई और यह स्पष्ट फैसला लिया गया कि वह समर्थन जुटाने के लिए किसी भी भ्रष्ट तरीके का सहारा नहीं लेगी, चाहे क्यों न उसे जऩता के समक्ष पुनः जनादेश प्राप्त करने के लिए जाना पड़े। भाजपा के एक प्रभावी गुट का यह दृढ़ मत है कि यदि संयुक्त मोर्चा अपने अपवित्र गठबन्धन के द्वारा वाजपेयी सरकार को गिराने में या उसे स्वतः हटने के लिए बाध्य कर देता है तो ऐसी स्थिति में सन्निकट चुनावों से परहेज नहीं किया जाना चाहिए क्योंकि भाजपा के अलावा आज की स्थिति में कांग्रेस सहित कोई भी दल या संयुक्त मोर्चा इस हालत में नहीं है कि वह देश को स्थायी सरकार दे सके। संयुक्त मोर्चे वाला तथाकथित अपवित्र गठबंधन भाजपा को रोकने में हो सकता है सफल हो जाए, लेकिन उसे भी बिखरने में देर नहीं लगेगी क्योंकि उसका आधार पहले ही बिखरा हुआ है।

भाजपा अध्यक्ष लालकृष्ण आडवाणी की अध्यक्षता में हुई बैठक में प्रधानमंत्री अटल बिहारी वाजपेयी, उनके मंत्रिमंडल के सहयोगी, राजस्थान के मुख्यमंत्री भैरोसिंह शेखावत और दिल्ली के मुख्यमन्त्री साहिब सिंह वर्मा भी उपस्थित थे।

धार्मिक समाचार

श्रीमद् भागवत ज्ञान यज्ञ

नई दिल्ली, 23 मई (एस)। श्री रामकृष्ण सत्संग ट्रस्ट सरस्वती विहार द्वारा आयोजित श्रीमद् भागवत ज्ञान यज्ञ शोभायात्रा के उपरान्त भव्य पाण्डाल में आरम्भ हुआ। भागवत शोभायात्रा में आयोजन समिति के पदाधिकारी कीर्तन करते चल रहे थे। 31 महिलाएँ सिर पर कलश लिये हुए थीं और स्वामी शारदानन्द सरस्वती तथा कथाव्यास स्वामी रामकमल दास जी वेदांती एक सजे रथ पर विराजमान थे। शोभायात्रा शारदा निकेतन मन्दिर से चलकर कथा स्थल पहुँची, जहाँ भागवत तथा व्यास का पूजन किया गया।

स्वामी रामकमल दास ने भागवत की वन्दना के साथ उसके महत्त्व पर प्रकाश डाला और कहा कि भागवत भगवान् की कथा से अधिक भगवान् के भक्तों की कथा है। यह देवता, दानव और मानव के उद्धार की कथा है। इस सम्बन्ध में उन्होंने इन्द्र, अजमिल तथा गोवर्धन का उल्लेख किया। उन्होंने कहा कि जघन्य

से जघन्य अपराधी को भी भगवान् सहज भाव से क्षमा कर अपने हृदय में स्थान देते हैं।

स्वामी जी ने कहा कि अहंकार का परित्याग करना ही नमस्कार है। नमन अहंकार का समूल नाश कर देता है। जब व्यक्ति में यह भाव आ जाए कि भगवान् सब कुछ तेरा ही है, तब उसमें अहंकार कैसे पनप सकता है।

स्वामी शारदानन्द सरस्वती ने आयोजकों को धन्यवाद देते हुए कहा कि इस प्रकार का आयोजन मानव के हृदय में भगवान् के प्रति भक्ति जगाने का प्रयास है। कलियुग में भक्ति बहुत बड़ा साधन है। इसे अपना कर ही हम ज्ञान और वैराग्य के अधिकारी बन पाएँगे।

सामाजिक समाचार

राशन की दुकानों में सामान की आपूर्ति सामान्य होने का दावा

नगर संवाददाता। नई दिल्ली, 23 मई। दिल्ली सरकार ने दावा किया है कि राजधानी की उचित दर दुकानों में गेहूँ, चावल और चीनी की आपूर्ति अब पूरी तरह सामान्य है। उत्तरप्रदेश में मतदान व्यवस्था में बड़ी संख्या में निजी ट्रकों को लगाए जाने के कारण चीनी मिलों से लेवी चीनी लाने में कुछ देरी हुई थी। इसका प्रभाव राजधानी के कुछ क्षेत्रों की उचित दर की दुकानों पर दिखाई दिया था।

खाद्य और आपूर्ति मंत्री लाल बिहारी तिवारी ने बताया कि 18 मई तक दिल्ली की सभी उचित दर की दुकानों में आपूर्ति सामान्य करने का काम पूरा कर लिया गया था। इस कारण अब किसी भी क्षेत्र के राशनकार्डधारियों को कोई परेशानी नहीं होगी। उन्होंने बताया कि दिल्ली सरकार की नामित तीनों एजेंसियों, दिल्ली राज्य नागरिक आपूर्ति निगम, दिल्ली सहकारी परिसंघ को इस बारे में कड़े निर्देश जारी किए गए थे।

श्री तिवारी ने बताया कि भारतीय खाद्य निगम के सी. टी. ओ. पूसा और ओखला स्थित गोदामों में गेहूँ और चावल के भंडार न होने के कारण कुछ क्षेत्र की उचित दर दुकानों में गेहूँ और चावल की आपूर्ति में बाधा पड़ी थी। लेकिन अब इन गोदामों में आसपास के राज्यों से गेहूँ और चावल आने लगा है। इस कमी को भी आगामी दो-तीन दिन में पूरा कर लिया गया है।

खाद्य और आपूर्ति मन्त्री ने कहा कि यह व्यवस्था सुधर जाने के कारण अब राशनकार्डधारियों को उचित दर की दुकानों से गेहूँ और चीनी मिलने में कोई परेशानी नहीं होनी चाहिए। उन्होंने घोषणा की है कि इस बारे में किसी उपभोक्ता को परेशानी हो तो उसे इस विभाग के वरिष्ठ अधिकारियों से शिकायत करनी चाहिए। इनसे सन्तुष्ट न होने पर उपभोक्ता फोन न. 2933667 पर श्री तिवारी

को अपनी समस्या से अवगत करवा सकते हैं। इसी तरह खाद्य आयुक्त से टेलीफोन (न. 3351759) पर संपर्क किया जा सकता है।

उचित दर की दुकानों पर बेचे जाने वाले चावल के स्तर के बारे में शिकायतों को देखते हुए खाद्य मन्त्री ने एक दल का गठन किया है। इसमें दिल्ली राज्य नागरिक आपुर्ति निगम के महाप्रबन्धक और खाद्य आपूर्ति विभाग के उपायुक्त शामिल हैं। इस दल को भारतीय खाद्य निगम के गोदामों में जाने वाले चावल की गुणवत्ता की जांच करने का निर्देश दिया गया है।

औद्योगिक समाचार

जापान से बाहर मारुति सुजूकी परिवार की सबसे बड़ी कम्पनी

नई दिल्ली, 21 मई (प्रे. ट्र.)। भारत की शीर्ष कार उत्पादक कम्पनी मारुति उद्योग लिमिटेड (एमयुएल) जापान से बाहर सुजूकी परिवार की भी सबसे बड़ी कम्पनी हो गई है। 1995-96 में सुजूकी मोटर कारपोरेशन के कुल कार उत्पादन का लगभग 15 प्रतिशत हिस्सा मारुति का था। 1995-96 में सुजूकी और इसकी सम्बद्ध कम्पनियों ने 17.6 लाख कारों का उत्पादन किया। इसमें से 15 प्रतिशत हिस्सा मारुति का था।

जापान से बाहर 10 लाख कार बेचे जाने के अवसर पर सुजूकी द्वारा जापान में आयोजित वितरक सम्मेलन में इसकी घोषणा की गई। इस सम्मेलन में बिक्री नेटवर्क सुधार कार्यक्रम में मारुति को पुरस्कृत किया गया। सम्मेलन में 60 देशों की 68 कम्पनियों के 181 प्रतिनिधियों ने भाग लिया।

सम्मेलन के दौरान सुजूकी के प्रेसिडेंट ओ. सुजूकी ने जापान सहित अन्य देशों में 25 लाख वाहनों की बिक्री का लक्ष्य निर्धारित किया। दुनिया भर में सभी ब्रांड की लगभग 5 करोड़ कारें बेचे जाने पर इसका बाजार के 5 प्रतिशत हिस्से पर कब्जा हो जाएगा। सुजूकी के इस लक्ष्य को 'ग्लोबल फाइव' का नाम दिया गया है।

सम्मेलन में मारुति की तरफ से कम्पनी के प्रबन्ध निदेशक आर. सी. भार्गव, निदेशक जगदीश खट्टर और के. कुमार ने भाग लिया। श्री भार्गव ने सुजूकी की योजना में पूरी तरह से मदद देने और 25 लाख कारों के उत्पादन लक्ष्य में अपनी भागीदारी रखने का आश्वासन दिया।

सम्पादकीय समाचार

नई दिल्ली, 22 मई, 1996

तीसरा मोर्चा और हेगड़े

कर्नाटक के भूतपूर्व मुख्यमंत्री जनता दल के वरिष्ठ नेता रामकृष्ण हेगड़े द्वारा तीसरे मोर्चे के साथ कांग्रेस के गठबन्धन को अवसरवादी कहा जाना मोर्चे के लिए अपशकुन है। इस मोर्चे के साथ कांग्रेस के गठबन्धन को अवसरवादी कहने वाले और भी लोग हैं, लेकिन एक जनता दल नेता द्वारा ही इस आशय का वक्तव्य देना विशेष मायने रखता है। उन्होंने इस तरह की बात क्यों कहीं ? एक विश्लेषण तो यह हो सकता है कि श्री हेगड़े खुद प्रधानमन्त्री बनना चाहते थे। और विफल रहने की स्थिति में वे इस तरह की बातें कह रहे हैं। दूसरा कारण यह बताया जा सकता हैं कि श्री हेगड़े की नजर कर्नाटक के मुख्यमन्त्री पद पर टिकी हुई है, जो श्री देवगौड़ा के प्रधानमन्त्री बनते ही खाली हो जाएगी। उस कुर्सी को प्राप्त करने के लिए ही श्री हेगड़े दबाव की राजनीति का खेल खेल रहे हैं। श्री हेगड़े कह रहे हैं कि वे पहले ही कांग्रेस के साथ सभी धर्मनिरपेक्ष दलों का गठबन्धन तैयार करना चाहते थे। पर तब पार्टी के लोगों ने उनका प्रस्ताव ठुकरा दिया। आज दल वही कर रहा है, जिसके लिए उनकी कभी कटु आलोचना की गई थी। हेगड़े के इस दर्द से सहानुभूति का व्यक्त की जा सकती है, लेकिन उनका यह वक्तव्य मात्र इसी कारण से प्रेरित नहीं हो सकता। उनका यह आरोप भी थोथा नहीं है कि एच. डी. देवगौड़ा को नेता चुनते समय उनसे पूछा नहीं गया। हालांकि यह कहने में वे तनिक विलम्ब नहीं करते कि उनसे पूछे जाने पर उनके मुंह से भी श्री देवगौड़ा का ही नाम निकलता। देश के सम्भावित प्रधानमन्त्री एक कन्नड़िया के होने के कारण कर्नाटक में जो उत्साह का माहौल बना हुआ है, उसके बीच श्री हेगड़े चाहते हुए भी यह नहीं कह सकते कि देवगौड़ा का नाम प्रधानमन्त्री के रूप में उन्हें पसन्द नहीं। लेकिन विरोध करने की एक विशेष कला होती है और श्री हेगड़े उसी कला के साथ विरोध कर रहे हैं। उनका विरोध आनेवाले दिनों भले देवगौड़ा की सम्भावित सरकार को ज्यादा नुकसान नहीं पहुँचा पाए, लेकिन जनता दल की राजनीति इससे अवश्य प्रभावित हो सकती है देवगौड़ा को तीसरे मोर्चे (अब संयुक्त मोर्चे) का नेता चुनते समय सिर्फ श्री हेगड़े को ही नजरअन्दाज नहीं किया गया बल्कि शरद यादव, बीजू पटनायक, रामविलास पासवान, एस आर बोम्मई तथा इन्द्र कुमार गुजराल जैसे नेताओं की भी उपेक्षा से सम्बन्धित सवाल सामने आने लगेंगे। श्री हेगड़े द्वारा उठाए जा रहे ये सवाल उन सवालों की पूर्वपीठिका ही हैं।

व्यापारिक समाचार

पाक द्वारा लन्दन की एजेन्सीं को चीनी का ऑर्डर देने पर हैरानी

नई दिल्ली, 23 मई (वार्ता)। भारतीय चीनी मिल संघ (इस्मा) ने पाकिस्तान द्वारा लन्दन स्थित युरो इक्विटी के साथ 50 हजार टन चीनी भारतीय चीनी के आयात का सौदा पक्का करने पर हैरानी जताई है।

इस्मा के महानिदेशक एस. एस. जैन ने कहा कि भारत से चीनी निर्यात के लिए केवल इण्डियन शुगर एंड जनरल इण्डस्ट्रीज एक्सपोर्ट इम्पोर्ट कारपोरेशन लिमिटेड (आईएसजीआईईईसी) ही एक मात्र अधिकृत एजेन्सी है।

उन्होंने सवाल किया कि लन्दन की यूरो इक्विटी अपने 50 हजार टन चीनी निर्यात के वादे को कैसे पूरा करेगी। उधर आईएसजीआईईसी सूत्रों का कहना है कि यूरो इक्विटी लगातार उनसे सम्पर्क साधने का प्रयास कर रही है, लेकिन सूत्रों ने जोर देकर कहा कि ब्रिटेन की एजेन्सी को भारत से चीनी नहीं दी जाएगी।

उल्लेखनीय है कि पाकिस्तान ने दिल्ली स्थित आईएसजीआईईसी और लन्दन की यूरो इक्विटी दोनों एजेंसियों के साथ 50-50 हजार टन भारतीय परिशोधित चीनी आयात के सौदे पक्के किए हैं

सूत्रों का कहना है कि लन्दन की व्यापारिक एजेन्सी ने ऑर्डर हथियाने के चक्कर में कम दामों पर भारतीय चीनी निर्यात की पेशकश की थी। 50 हजार टन की अनुबन्धित 25-25 हजार टन की दो किस्तों में पहली 30 जून तक और दूसरी 15 जुलाई तक पहुँचाई जानी है।

सूत्रों ने बताया कि यूरो इक्विटी एजेंसी यदि थाईलैण्ड और ब्राजील से भी चीनी खरीदेगी, तब भी वह समय पर आपूर्ति नहीं कर पाएगी। बहरहाल इस्मा पाकिस्तान राज्य व्यापार निगम को पत्र लिखकर यूरो इक्विटी की स्थिति बताने के बारे में सोच रहा है। यदि विदेशी एजेन्सी समय पर अपना अनुबन्ध पूरा नहीं कर पाती है, तब भारतीय एजेन्सी को पूरे एक लाख टन चीनी निर्यात का आर्डर मिल जाएगा।

पाकिस्तान 383 से 391 डालर प्रति टन के बीच भारतीय चीनी का आयात कर रहा है। घरेलू बाजार में चीनी की आसमान छूती कीमतों को देखते हुए पाकिस्तान को आयात करना पड़ रहा है वहाँ खुले बाजार में चीनी के दाम 21 रुपए प्रति किलो तक बढ़ गए हैं। जल्द ही कीमतें 25 रुपए तक बढ़ने की आशंका व्यक्त की गई है।

प्राकृतिक प्रकोप सम्बन्धी समाचार

गढ़वाल और कुमाऊँ के जंगल 4 हफ्ते से आग की चपेट में

देहरादून, 23 मई (वार्ता)। उत्तर प्रदेश के दोनों पर्वतीय मंडलों गढ़वाल और कुमाऊँ

के जंगल पिछले चार सप्ताह से आग की चपेट में हैं। आग से करोड़ों रुपए की वनसम्पत्ति नष्ट हो रही है और पर्यावरण प्रभावित हो रहा है।

इस वर्ष गढ़वाल की अपेक्षा कुमाऊँ मंडल में आग का प्रकोप अधिक है। राज्य में 34 हजार 247 वर्ग किलोमीटर क्षेत्र में फैले इन जंगलों को आग से बचाने के लिए प्रदेश शासन ने व्यापक प्रबन्ध किए हैं, परन्तु कुमाऊँ मंडल में सफलता कम मिल रही है। मुख्य वन संरक्षक गढ़वाल विश्व भूषण गौड़ ने बताया कि गढ़वाल के 20 डिवीजनों में अब तक 89 स्थानों में आग लगी है। आरक्षित वनों का 213 हेक्टेयर क्षेत्र व सिविल और पंचायत वनों का 251 हेक्टेयर क्षेत्र आग की चपेट में आ गया है।

कुमाऊँ, गढ़वाल मंडलों में 10 वर्षों बाद पिछले वर्ष की कुल 2272 घटनाओं में 597 वर्ग किलोमीटर क्षेत्र में करोड़ों रुपए की वन सम्पदा नष्ट हो गई थी।

गढ़वाल में आग की 1298 घटनाएँ हुई थीं। श्री गौड़ ने बताया कि वनो को दावानल से बचाने के लिए सभी रेजों में 300 अग्निशमन दल प्रतिदिन दो से शाम 7.00 तक पैदल चलकर फायर लाइनों की सफाई कर रहे हैं। दून घाटी के सहायक वन संरक्षक अखिलेश पांडेय के अनुसार इस डिवीजन में आग रोकने के लिए मसूरी को टावर की तरह प्रयोग किया जा रहा है, क्योंकि वहाँ से समूची दून घाटी स्पष्ट दिखाई देती है। जंगलों में आग लगने का प्रमुख कारण आर्द्रता कम होना और तापमान बढ़ना है।

अपराध समाचार

गोकुलपुरी में बदमाश की गोली मारकर हत्या

नई दिल्ली, 23 मई (नभाटा समाचार)। उत्तरपूर्वी गोकुलपुरी क्षेत्र में एक बदमाश की गोली मारकर हत्या कर दी गई। मृतक सुन्दर उर्फ भैया किसी जमाने में भूले गूर्जर गिरोह का सरगना था। अब तक हत्यारों के बारे में कोई सुराग नहीं मिला है। पुलिस ने हत्या का मामला दर्ज़ कर लिया है।

जिला पुलिस उपायुक्त किशन कुमार के अनुसार यह वारदात कल रात तकरीबन सवा नौ बजे नहर रोड पर हुई। पुलिस ने बताया कि एक दुपहिया स्कूटर पर आए 3 युवकों ने सुन्दर का पूरा शरीर छेद दिया। उसकी घटनास्थल पर ही मौत हो गई। पुलिस ने बताया कि शुरू में मृतक की शिनाख्त नहीं हो सकी थी। मृतक के कपड़ों की तलाशी लेने पर उसकी जेब से दशमलव 315 बोर के 14 कारतूस तथा एक वकील का विजिटिंग कार्ड बरामद हुआ। इस वकील ने आकर ही मृतक की शिनाख्त की। उसने बताया कि यह शव लोनी की पंचवटी कालोनी के सुन्दर का है।

पुलिस ने बताया कि छानबीन से पता चला है कि मृतक पर नौ एम. एम. की पिस्तौल तथा दशमलव 32 बोर की रिवाल्वर से गोलियाँ चलाई गईं। अब तक हत्यारों के बारे में कोई सुराग नहीं मिल पाया है लेकिन पुलिस का अनुमान है कि यह हत्या गैंगवार का परिणाम हो सकती है। पुलिस का कहना है कि सम्भवतः सुन्दर के पास भी कोई हथियार होगा, जिसे हत्यारे साथ ले गए होंगे। पुलिस मामले की छानबीन कर रही है।

खेल समाचार

इंग्लैण्ड की टीम में तीन नए खिलाड़ी, लुइस की वापसी

लंदन, 19 मई (एपी)। इंग्लैण्ड की टीम में भारत के विरुद्ध इस सप्ताह खेले जाने वाले तीन एक दिवसीय क्रिकेट मैचों के लिए तीन नए खिलाड़ियों को मौका दिया गया। जबकि दो खिलाड़ियों क्रिस लुइस और मैथ्यु मेनार्ड को फिर से टीम में जगह दी गई है।

सरे के आरम्भिक बल्लेबाज ऐली ब्राउन और दो आलराउंडर एसेक्सस के रॉनी अरानी और कैट के मार्क इल्हिम को उनके हाल के अच्छे प्रदर्शन को देखते हुए टीम में शामिल किया गया है।

ग्लैमारगन के मैरार्ड और सरे के लुइस को लम्बे समय बाद टीम में शामिल किया गया है।

मैनार्ड को वेस्ट इण्डीज के विरुद्ध निराशाजनक प्रदर्शन के बाद पिछले दो सत्रों में टीम से बाहर रखा गया था जबकि लुइस पीठ की चोट के कारण पिछले सत्र में खेलने की स्थिति में नहीं थे।

इंग्लैण्ड की टीम की चयन समिति के अध्यक्ष रेमंड इंलिगवर्थ ने जिस 13 सदस्यीय टीम की घोषणा की है उसमें पिछले विश्व कप क्रिकेट में भाग लेने वाली टीम के मात्र आठ खिलाड़ियों को मौका दिया गया है।

इंग्लैण्ड और भारत के बीच पहला एकदिवसीय क्रिकेट मैच ओवल में गुरुवार को होगा जबकि दूसरा मैच शनिवार को हैडिंगले और तीसरा रविवार को ओल्ड ट्रेफार्ड में खेला जाएगा।

इंग्लैण्ड की 13 सदस्यीय टीम इस प्रकार है :

माइक एथरटन (कप्तान, लंकाशर), ऐली ब्राउन, (सरे), ग्रैम हिग (बुस्टरशर), ग्राहम थार्पे (सरे), मैथ्यु मेनार्ड (ग्लेमार्गन), एलेक स्टीवर्ट (विकेटकीपर, सरे), क्रिसले वि (सरे), रानी इरानी (एसेक्स), डोमिनिक कार्क (डर्बीशर), नील स्मिथ (बारविकशर), पीटर मार्टिन (लेकाशंर), डैरेन ग्राफ (यार्कशर), मार्क ईलहम (केंट)।

फिल्मी समाचार

फूहड़ता बढ़ रही है पंजाबी और पश्तो फिल्मों में

लाहौर का एक सिनेमाघर। पाकिस्तान की शीर्षस्थ नायिकाओं में से एक, नीली की पंजाबी फिल्म चल रही है। इधर पर्दे पर नीली का नृत्य शुरू हुआ, उधर हाल तालियों व सीटियों की आवाज से गूँज उठा। दर्शक अपनी-अपनी जगह उठ कर नाचने लगे। नृत्य खत्म होने के बाद और शोर हुआ। दर्शक दोबारा वही गीत देखना चाहते थे। सिनेमा घर का मैनेजर आगे की फिल्म दिखाना चाहता था। खूब शोर-शराबे और प्रोजेक्टर के आगे बैनर लेकर धरने पर बैठने के बाद दर्शकों की माँग पूरी होती है। दोबारा गीत दिखाया जाता है और उसके बाद समझदार मैनेजर बिना फरमाइश के ही हर गीत दो-दो बार दिखाता है।

यह पाकिस्तानी सिनेमाघरों का एक आम दृश्य है। पाकिस्तान में उर्दू के बजाए पंजाबी और पश्तो फिल्में ज्यादा चलती हैं जिनमें भारी-भरकम नायिकाओं के नृत्य, मार-धाड़ और फूहड़ता के तमाम नुस्खे उदारतापूर्वक परोसे जाते हैं। जाहिर है ऐसी फिल्मों का दर्शक वर्ग भी ज्यादातर पुरुष ही होगा। इनमें मध्यमवर्गीय युवाओं से लेकर शिक्षित-अशिक्षित लोग शामिल होते हैं। कभी लाहौर के सिनेमाघरों में हंसती-खिलखिलाती कॉलेज की लड़कियाँ और परिवार उत्साह से फिल्में देखने जाया करते थे। अब वैसे दर्शक नदारद हो चुके हैं। अलबत्ता उत्साह अब भी है, पर दूसरे किस्म का। आमतौर पर इन फिल्मों का आरम्भ ही किसी धूमधड़ाके वाले नृत्य से होता है। दर्शकों का भी कहानी-वहानी से मतलब नहीं रहता। उन्हें नीली, बाबरा शरीफ और अनजुमन जैसी हीरोइनों का नाच-गाना ही देखना होता है, इसलिए वे भी ऐसे आरम्भ से खुश रहते हैं।

7

अपठित गद्यांश

अपठित अंग्रेजी शब्द 'अनसीन' का हिन्दी रूपान्तरण है। अंग्रेजी के 'अनसीन' और हिन्दी के 'अपठित' में शाब्दिक अन्तर है। अंग्रेजी के 'अनसीन' से तात्पर्य है ज़ो पहले न देखा हो। जबकि हिन्दी के 'अपठित' से तात्पर्य है जो पहले पढ़ा न हो। लेकिन दोनों का एक सामान्य अर्थ है—एक ऐसा गद्यांश जो सर्वथा नया हो। अर्थात् पाठक का उससे पूर्व परिचय न हो। पाठक ने उसे पहले न पढ़ा हो और न ही देखा हो। अपठित गद्यांश साहित्य, राजनीति, अर्थशास्त्र, दर्शन शास्त्र किसी भी विषय से सम्बद्ध हो सकता है। अचानक दिए गए इस प्रकार के अवतरण का उत्तर देना निश्चय ही कठिन होता है।

अपठित गद्यांश में महत्त्वपूर्ण तथ्य यह होता है कि उसमें पूछे गए प्रश्नों के उत्तर उसी में से निकालने पड़ते हैं। लेकिन उनका प्रस्तुतीकरण उत्तर देने वाले को सर्वथा अपनी भाषा शैली में देना पड़ता है। इस विषय में उत्तरकर्ता से यह अपेक्षा की जाती है कि निर्धारित प्रश्नों के उत्तर यथासम्भव प्रस्तुत गद्यांश से ही जुड़े हों। उनका प्रस्तुतीकरण संक्षिप्त रूप में हो। अपठित में पूछे गए प्रश्न निम्न प्रकार के हो सकते हैं।

1. प्रस्तुत गद्यांश का सार लिखना
2. किसी अंश की व्याख्या करना
3. कठिन शब्दों के अर्थ बताना
4. मुहावरे-लोकोक्तियों की व्याख्या करना
5. शीर्षक बताना
6. तत्सम, तद्भव, देशज तथा विदेशी शब्द छाँटकर लिखना, उनके अर्थ बताना।

इन प्रश्नों के उत्तर एक निश्चित सीमा के अन्तर्गत ही प्रस्तुत करने चाहिए। उनमें अनावश्यक विस्तार नहीं होना चाहिए।

अपठित का महत्त्व

व्यक्ति की बौद्धिक क्षमता एवं उसकी ग्राहिका शक्ति में वृद्धि करने की दृष्टि से अपठित का विशेष महत्त्व है। अपठित में पूछे गए प्रश्नों का उत्तर ज्यों का त्यों उसमें नहीं मिलता। वरन पाठक को अपनी क्षमताओं व बौद्धिक शक्ति का उपयोग करते हुए उसमें से ढूंढ़ना पड़ता है। इससे पाठक की बौद्धिक ग्राहिका शक्ति तीव्र होती है। उसकी बौद्धिक क्षमता का विकास होता है। क्योंकि उत्तर ढूंढ़ने में पाठक को निरन्तर सज़ग रहना पड़ता है। पूछे गए प्रश्नों के उत्तर में पाठक की अभिव्यक्ति क्षमता का पता चलता है। वस्तुतः अपठित का उद्देश्य भी यही है कि पाठक में विषय को समझने, सुसम्बद्ध ढंग से प्रस्तुत करने तथा हृदयंगम करने की कितनी क्षमता है। अपठित पाठक के मानसिक स्तर में भी वृद्धि करता है। उसके ज्ञान-क्षेत्र को विस्तृत करता है क्योंकि अपठित का कोई क्षेत्र-विशेष नहीं होता। साहित्य, कला, विज्ञान, तकनीक, अर्थशास्त्र, राजंनीति आदि उसके विषय-क्षेत्र होते हैं।

अपठित और संक्षेपण में अन्तर

अपठित और संक्षेपण में कुछ समानताएँ होते हुए भी उनमें पर्याप्त अन्तर होता है। यद्यपि दोनों ही पहले से बिना पढ़े, बिना देखे होते हैं। दोनों से पाठक का पूर्व परिचय नहीं होता। दोनों में संक्षिप्तता, व्यवस्था और सहज-स्पष्टता पर विशेष जोर दिया जाता है, लेकिन फिर भी दोनों में अन्तर होता है। संक्षेपण में उत्तर प्रायः संक्षेपण का एक तिहाई में देना पड़ता है। जबकि अपठित में ऐसी कोई सीमा-रेखा नहीं होती। अपठित में उद्देश्य केवल दिए प्रश्नों का उत्तर देना होता है जिसमें सार-लेखन भी एक प्रश्न हो सकता है। किन्तु दूसरी ओर, संक्षेपण में मूल को संक्षिप्त करना और मात्र उसका शीर्षक सुझाना होता है। अपठित में किसी अंग-विशेष की व्याख्या करने को कहा जा सकता है। किसी मुहावरे, लोकोक्ति, शब्द-विशेष का अर्थ पूछा जा सकता है। जबकि संक्षेपण में ऐसा नहीं पूछा जाता।

अपठित की विषयवस्तु सूत्र-शैली में होती है। इन सूत्रों को खोलकर उत्तर देना पड़ता है। जबकि संक्षेपण की विषय-वस्तु व्यास-शैली में होती है। इसमें विषय को उदाहरण व वृत्तान्त देकर विस्तृत रूप प्रदान कर दिया जाता है। संक्षेपण में शीर्षक चुनाव पर विशेष बल रहता है परन्तु अपठित में शीर्षक-लेखन पर इतना वल नहीं दिया जाता।

अपठित उत्तर-लेखन की विधि

अपठित उत्तर-लेखन की प्रक्रिया अभ्यास से जुड़ी है। इस प्रक्रिया के कई चरण होते हैं जिनका उल्लेख नीचे किया जा रहा है।

1. अध्ययन : अपठित गद्यांश का प्रथम चरण उसका पाठन है। गद्यांश का अध्ययन कम से कम दो बार अवश्य करना चाहिए जिससे उसकी केन्द्रीय विषय-वस्तु समझ में आ जाए। केन्द्रीय विषय-वस्तु समझ में आने के बाद अपठित में नीचे पूछे गए प्रश्नों का अध्ययन करना चाहिए। इससे स्पष्ट हो जाएगा कि किन-किन प्रश्नों का उत्तर अपठित में से खोजना है। केन्द्रीय विषय-वस्तु अर्थात् मूलभाव को मन में अच्छी तरह से बसा लेना चाहिए।

2. मूलभाव का रेखाकंन : अपठित का अध्ययन करने के पश्चात् मूल भाव तथा उससे जुड़े वाक्यों को रेखांकित कर देना चाहिए। कठिन शब्दों, मुहावरों और लोकोक्तियों को रेखांकित करने से प्रश्नों का उत्तर देने में बहुत सुविधा रहती है। रेखांकित करने का सबसे बड़ा लाभ यह होता है कि इससे मूल भाव का ढांचा उभर कर सामने आ जाता है। अपठित के आरम्भ, मध्य और अन्त में किन-किन बातों की ओर विशेष बल दिया गया है इसको सावधानीपूर्वक ध्यान में रखना अनिवार्य है। इससे मूल भाव को समझने में सहायता मिलती है।

रेखांकन का एक अन्य लाभ यह होता है कि सार या भावार्थ लिखते समय अनावश्यक परिश्रम एवं समय बच जाता है। कई बार अपठित में दिए गए किसी शब्द का कोशगत अर्थ पता नहीं होता। ऐसी स्थिति में शब्द से जुड़े सन्दर्भ को बार-बार पढ़कर उसका सन्दर्भगत अर्थ ग्रहण करना चाहिए। शब्द का सन्दर्भगत अर्थ लेने से मूलभाव की व्याख्या करने में आसानी हो जाती है।

3. अन्वय : मूलभाव और शब्दार्थ समझने के पश्चात् अपठित अवतरण का अन्वय करना चाहिए। अन्वय से तात्पर्य है अनुमान, सम्बन्ध, संगति। अर्थात् शब्दों को वाक्यों में व्याकरणानुसार संजोना। गद्यांश के अन्वय में विशेष कठिनाई नहीं होती लेकिन पद्यांश में थोड़ी दिक्कत होती है।

4. प्रारूप तैयार करना : मूल भाव की पहचान कर लेने पर गद्यांश के कथ्य को तार्किक क्रम से कागज पर लिख लेना चाहिए। इससे सम्पूर्ण अवतरण की रूपरेखा उभरकर सामने आ जाती है। यही अवतरण का प्रारूप (ढांचा) होता है।

5. लेखन प्रक्रिया : प्रारूप तैयार करने के पश्चात् भाव-लेखन (सार-लेखन) लिखना आरम्भ करना चाहिए। भाव-लेखन करते समय निम्न बातों को ध्यान में रखना चाहिए।

(क) उत्तर लिखते समय कोई भी महत्त्वपूर्ण बिन्दु छूटना नहीं चाहिए। न ही किसी अंश का अनावश्यक विस्तार होना चाहिए। जो पूछा गया है, उसी का उत्तर देना चाहिए। अनावश्यक ज्ञान-प्रदर्शन से बचना चाहिए।

(ख) गद्यांश में प्रयुक्त शब्दावली का प्रयोग उत्तर लिखने में नहीं करना चाहिए। उत्तर अपने शब्दों, भावों व अपनी शैली में लिखना चाहिए।

(ग) उत्तर सरल, स्पष्ट और संक्षिप्त होने चाहिए। अपनी ओर से कम से कम उदाहरण व वृत्तान्त लिखने चाहिएँ।

(घ) प्रश्नों के उत्तर क्रमबद्ध एवं प्रसंग के अनुकूल होने चाहिएँ।

(ङ) यदि गद्यांश का सारांश पूछा गया है तो वह अपठित का एक तिहाई से अधिक नहीं होना चाहिए।

(च) यदि रेखांकित शब्दों के अर्थ पूछे गए हों तो उनका निकटतम अर्थ ही लिखना चाहिए। एक शब्द के कई अर्थ होने से कई बार भ्रम उत्पन्न हो जाता है कि कौन-सा अर्थ लिखा जाए। वस्तुतः जो शब्द मूल अवतरण के सर्वाधिक अनुकूल एवं निकट हो उसी को लिखना चाहिए।

(छ) शीर्षक सरल, संक्षिप्त तथा मूल विषय से जुड़ा हुआ हो।

(ज) उत्तर देते समय सूत्र-शैली का प्रयोग नहीं करना चाहिए।

6. उन्मुक्तता : उन्मुक्तता से तात्पर्य खुलापन व धैर्य से है। यदि अपठित और उसमें दिए प्रश्नों को समझने में किसी तरह की कठिनाई आ रही है तो ऐसे समय में घबराना नहीं चाहिए। वरन् धैर्य के साथ उस प्रश्न से सम्बद्ध जो उत्तर उस समय सूझता है, उसे अपनी भाषा में सहज-संक्षिप्त रूप में प्रस्तुत कर देना चाहिए। अपठित पद्यांश में उन्मुक्तता की विशेष आवश्यकता होती है।

7. भाषा-शैली : अपठित के सन्दर्भ में महत्त्वपूर्ण बात यह भी होती है कि उसके द्वारा अभिव्यक्ति क्षमता की परख भी की जाती है। उत्तर लिखते समय यह विशेष रूप से ध्यान में रखना चाहिए कि उत्तर सहज सरल एवं संक्षिप्त हो। आलंकारिक और लच्छेदार शब्दावली का प्रयोग नहीं करना चाहिए। वाक्य छोटे-छोटे एवं सारगर्भित हों। वाक्य में पुनरुक्ति न हो।

अपठित के सम्बन्ध में अन्य महत्त्वपूर्ण बातें

(क) यदि अपठित में किसी अन्तःकथा का उल्लेख हो तो उस गद्यांश के भावों को इस तरह स्पष्ट कर देना चाहिए कि उस अन्तःकथा का सन्दर्भगत महत्त्व स्पष्ट हो जाए।

(ख) जब किन्हीं कठिन शब्दों के अर्थ अपठित अवतरण में से पूछे जाते हैं तो सबसे पहले उन शब्दों को लिखकर उनके सामने उनके अर्थ लिखने चाहिए। अर्थ लिखते समय शब्दों या पारिभाषिक शब्दों की परिभाषा, व्याख्या और पर्याय भी लिख देने से उत्तर प्रभावशाली बन जाता है।

(ग) यदि अपठित का मूलभाव पूछा गया है तो मूल भाव से जुड़े अंशों को रेखांकित कर लेना चाहिए। इस से गद्यांश के अनावश्यक अंश स्वतः हट जाएँगे और जो बाकी बचेगा वह गद्यांश का एक तिहाई या चौथाई हिस्सा होगा। जिसको आधार बना कर मूल भाव अपनी भाषा में लिखने में सुविधा होगी।

(घ) यदि अपठित की व्याख्या करनी है तो मुख्य एवं महत्त्वपूर्ण अंश रेखांकित कर देने जरूरी होते हैं। फिर इन रेखांकित अंशों को ही संकेत मानकर गद्यांश में उससे सम्बन्धित अंशों की खोज करनी चाहिए। इससे व्याख्या करने में आसानी रहती है। व्याख्या हमेशा पूछे गए कथ्य से जुड़ी होनी चाहिए कथा से असम्बद्ध बातों का उल्लेख व्याख्या में नहीं करना चाहिए।

अपठित के कुछ उत्तर-सहित उदाहरण

1

भारत में धर्म पर आस्था सदा सामाजिक प्रगति के लिए प्रतिकूल नहीं रही। वास्तव में इसने प्रायः ही उत्पीड़न और शोषण के विरुद्ध प्रतिरोध का रूप धारण किया। भारत में कितने ही सामाजिक और राजनीतिक संघर्ष धार्मिक सुधारों के आवरण में लड़े गए। इस प्रकार धार्मिक आन्दोलनों ने, विशेषकर उस समय जब वे प्रारम्भिक अवस्था में थे और उन्होंने किसी पंथ या सम्प्रदाय का रूप धारण नहीं किया था, एक गतिशील एवं प्रगतिवादी भूमिका अदा की। हमारे इतिहास के कितने ही मोड़ों पर धार्मिक शिक्षाओं के प्रति आध्यात्मिक दृष्टिकोण ने सृजनात्मक शक्ति को जन्म दिया, ऐसी शक्ति को जन्म दिया जो अभूतपूर्व सामाजिक परिवर्तन लाने में सहायक सिद्ध हुई।

प्रश्न

(क) उपर्युक्त गद्यांश का उचित शीर्षक दीजिए।

(ख) अवतरण का सार अपने शब्दों में लिखिए।

(ग) निम्न प्रश्नों के संक्षिप्त में उत्तर दीजिए।

1. समाज की प्रगति में धर्म की क्या भूमिका होती है ?
2. प्राचीन भारत में धर्म का क्या स्वरूप था ?

उत्तर

(क) सामाजिक-सांस्कृतिक प्रगति में धर्म का योगदान।

(ख) भारत में सामाजिक-सांस्कृतिक प्रगति में धर्म की सकारात्मक भूमिका थी। क्योंकि प्राचीन समय में धर्म किसी सम्प्रदाय और पंथ विशेष से सम्बद्ध नहीं था। इसी कारण व्यक्ति शीघ्र ही उसकी ओर आकर्षित हो जाता था। धर्म का स्वरूप स्वाधीन एवं स्वतन्त्र होने के कारण व्यक्ति को अपनी सृजनात्मक प्रतिभा को दिखाने का अवसर भी सहज सुलभ था।

(ग) 1. धर्म समाज के सभी पक्षों–राजनीतिक, आर्थिक, सांस्कृतिक, साहित्यिक आदि को नैतिक दृष्टिकोण प्रदान करता है।

2. प्राचीन समय में धर्म का स्वरूप अत्यन्त उदारवादी, सहिष्णु एवं नैतिकता से परिपूर्ण था।

2

ब्रिटिश शिक्षा ने भारतीय बुद्धिजीवियों के सामने सामाजिक और राजनीतिक स्वातंत्र्य के नए क्षितिज उद्घाटित किए। शिक्षित भारतीयों ने एक ओर तो दूसरे देशों के प्रगतिशील विचारों और उनकी वैज्ञानिक उपलब्धियों की सराहना करना सीखा और दूसरी ओर नए ज्ञान की कसौटी पर स्वयं अपनी परम्पराओं, धर्मदर्शन, रीति-रिवाजों और रुचियों को कसना सीखा मैकाले ने सोचा था कि उनकी शिक्षा-प्रणाली भारतीयों की राष्ट्रीय चेतना को कुंठित कर देगी और उन्हें वफादार गुलाम बनाने में सफल होगी। किन्तु, उसने दरअसल जीवन के प्रति एक नए वैज्ञानिक दृष्टिकोण का आधार तैयार किया और नए राष्ट्रीय जागरण में भी सहायता पहुंचायी। दूसरे शब्दों में, अंग्रेजों की शिक्षा नीति ने भारतीय बुद्धिजीवियों का एक ऐसा नया वर्ग पैदा किया, जो पश्चिमी विज्ञान के मूल तत्त्वों तथा पश्चिम के अधिक उन्नत सांस्कृतिक मानदंडों को समझते और आत्मसात् करते थे, और साथ ही, स्वयं अपनी मातृभूमि की उन्नति के लिए उनका उपयोग करते थे।

प्रश्न

(क) उपर्युक्त गद्यांश का उचित शीर्षक दीजिए।

(ख) अवतरण का सार अपने शब्दों में लिखिए।

(ग) निम्न प्रश्नों के संक्षिप्त रूप में उत्तर दीजिए।

1. अंग्रेजी शिक्षा-प्रणाली की महत्त्वपूर्ण देन क्या है ?
2. अंग्रेजी शिक्षा-प्रणाली का उद्देश्य क्या था ?

उत्तर

(क) अंग्रेजी शिक्षा-प्रणाली का भारतीय समाज पर प्रभाव।

(ख) अंग्रेजी शिक्षा प्रणाली का आरम्भ मानसिक गुलामी फैलाने के लिए किया गया था लेकिन इसके प्रभाव इसके विपरीत रहे। इस शिक्षा-पद्धति से भारतीयों को वस्तु एवं परिस्थितियों को समझने का वैज्ञानिक दृष्टिकोण मिला। राष्ट्रीय जागरण उत्पन्न करने में जो भूमिका भारतीय बुद्धिजीवी वर्ग ने अदा की, वह इसी शिक्षा पद्धति की देन थी।

(ग) 1. अंग्रेजी शिक्षा-पद्धति की महत्त्वपूर्ण देन उसका वैज्ञानिक दृष्टिकोण था।

2. अंग्रेजी शिक्षा-पद्धति का उददेश्य मानसिक गुलामों की संख्या वृद्धि करना था।

3

रवीन्द्रनाथ ठाकुर के विचार यद्यपि आदर्शवाद में लिपटे हुए थे, तो भी वे न तो अमूर्त थे और न निरुद्देश्य। उनके नाटक, उपन्यास और कहानियाँ विगत युग के अंधे मताग्रहों और अंधविश्वासों तथा विदेशी शासन के आतंक और अन्याय के विरुद्ध एक देशभक्त और सुधारक के आक्रोश से भरपूर हैं। वह उन लोगों के ढोंग भरे पूजा-पाठ, प्रार्थनाओं और भक्ति का मजाक उड़ाते थे, जो निर्धन और गरीबों से घृणा करते थे। उनका कहना था कि ईश्वर को देखने के लिए किसी मन्दिर या गिरजाघर में जाने की जरूरत नहीं, क्योंकि वह तो वहाँ है जहाँ किसान कड़ी जमीन को जोत रहा है और सड़क बनाने वाला पत्थरों को तोड़ रहा है। धूप हो या वर्षा, वह सदा उनके साथ रहता है और उसके कपड़े धूल से सने रहते हैं।?

प्रश्न

(क) उपर्युक्त गद्यांश का शीर्षक बताइए।

(ख) गद्यांश का सार अपने शब्दों में लिखिए।

(ग) निम्न प्रश्नों के संक्षिप्त उत्तर लिखिए।

1. रवीन्द्रनाथ के साहित्य में आदर्शवाद का क्या स्वरूप है ?
2. ईश्वर के सम्बन्ध में रवीन्द्रनाथ की क्या विचारधारा है ?

उत्तर

(क) रवीन्द्रनाथ के आदर्शवाद के भीतर का यथार्थ।

(ख) आदर्शवादी होते हुए भी रवीन्द्रनाथ के साहित्य में सामाजिक यथार्थ के विविध रूप विद्यमान हैं। सामाजिक-धार्मिक रूढ़ियों का विरोध वे कड़े स्वर में करते हैं। ईश्वर के दर्शन वे गरीब मजदूर और किसान के रूप में करते हैं किसी मन्दिर में नहीं।

(ग) 1, 2. ईश्वर की अवतारवादी व वहुदेववादी संकल्पना रवीन्द्रनाथ ने गरीब किसान व मजदूर के भीतर देखी है।

4

शंकराचार्य के अद्वैत में अद्वैतवादी एकेश्वरवाद पर जोर दिया गया था। बाद में उनके इस एकेश्वरवाद और माया के सिद्धांत को आदर्शवादी हिन्दू दार्शनिकों तक का कड़ा विरोध झेलना पड़ा। वैष्णव, भागवत, पंचरात्र, शैव तथा अन्य सम्प्रदायों ने मिलकर शंकराचार्य के सिद्धान्तों पर आक्रमण किया। भास्कर ने जो दसवीं शताव्दी पहले के एक महान् दार्शनिक थे, कहा कि जगत् के यथार्थ में विश्वास करने वालों के विरुद्ध शंकराचार्य ने जो तर्क प्रस्तुत किए हैं ये स्वयं शंकराचार्य के विरुद्ध भी इस्तेमाल किए जा सकते हैं। भास्कर का कहना था कि शंकराचार्य

का अद्वैत और कुछ नहीं महायान शाखा के बौद्धों के शून्यवाद का ही नया संस्करण है। उनके अनुसार जगत् का अस्तित्व माया के कारण नहीं है, वरन् यह ब्रह्म का एक वास्तविक रूपान्तरण है जो जीवात्माओं और इस ब्रह्मांड का एक मात्र भौतिक और उपकरणात्मक कारण है।

प्रश्न

(क) उपर्युक्त अवतरण का उचित शीर्षक दीजिए।

(ख) प्रस्तुत अवतरण का सार अपने शब्दों में लिखिए।

(ग) निम्न प्रश्नों का संक्षिप्त में उत्तर दीजिए।

1. शंकराचार्य के मत का विरोध किन मतों ने किया ?
2. शंकराचार्य के अद्वैत की तुलना भास्कर ने किस मत से की है ?

उत्तर

(क) शंकराचार्य का अद्वैतवाद व समकालीन मत मतान्तर।

(ख) शंकराचार्य ने अद्वैतवाद की स्थापना की। अपने समय में उन्हें वैष्णव, भागवत, पंचरात्र, शैव आदि अनेक सम्प्रदायों के विरोध का सामना करना पड़ा। भास्कर ने तो उनके अद्वैतवाद को बौद्धों की महायान शाखा के शून्यवाद का ही नवीन रूप बताया।

(ग) 1. वैष्णव, भागवत, पंचरात्र, शैव आदि प्रमुख मतों ने शंकर के अद्वैत का विरोध किया।
2. भास्कर ने शंकर के अद्वैत की तुलना महायान शाखा के शून्यवाद से की।

5

कविता छंदबद्ध होती है और हर छन्द की अपनी गति होती है, अतः उसका अपना प्रभाव भी होता है। साथ ही उसका एक सीमा तक कविता के भाव से सम्बन्ध भी होता है। फिर अनुवादक क्या करे ? भारतीय भाषाओं में एक प्रकार के छंद हैं, जो फारसी आदि में दूसरी तरह के हैं और यूरोपीय भाषाओं में तीसरी तरह के। ऐसी स्थिति में दो ही रास्ते अनुवादक के सामने हैं—या तो वह लक्ष्य भाषा में प्राप्त उपयुक्त छन्द में अनुवाद कर दे, पर ऐसा करने से मूलछन्द का सारा प्रभाव समाप्त हो जाएगा, या फिर वह स्रोत सामग्री के ही छन्द में ही अनुवाद करे। किन्तु इसमें भी बात नहीं बनेगी। एक तो उस छन्द को उस भाषा में उतार पाना हमेशा आसान नहीं होगा, यदि दूसरे उतार भी लें, स्रोत सामग्री का छन्द स्रोत भाषा-भाषियों पर परम्परागत रूप में जो प्रभाव डालता आ रहा है, लक्ष्य भाषा-भाषी पर अनभ्यस्त होने के कारण वह प्रभाव नहीं डाल पाएगा।

प्रश्न

(क) प्रस्तुत गद्यांश का उचित शीर्षक दीजिए।

(ख) प्रस्तुत अवतरण का सार अपने शब्दों में लिखिए।

(ग) निम्न प्रश्नों के उत्तर दीजिए।

1. छन्दबद्ध कविता का अनुवाद कैसे सम्भव है ?
2. लेखक ने छन्द के कौन-कौन से गुणों का उल्लेख किया है ?

उत्तर

(क) कविता के अनुवाद में छन्द की समस्या।

(ख) कविता का अनुवाद करते समय अनुवादक के सामने विशेष कठिनाई आती है क्योंकि प्रत्येक भाषा के छन्दों की अपनी-अपनी अलग-अलग विशेषताएँ होती हैं। प्रत्येक भाषा में छन्द अलग-अलग प्रकार के होते हैं।

(ग) 1. अनुवादक स्रोत भाषा और लक्ष्य भाषा दोनों में कविता का अनुवाद कर सकता है।

2. प्रत्येक भाषा के छन्द की अपनी गति व प्रभाव होता है।

6

प्रेम का प्रभाव एकान्त भी होता है और लोक-जीवन के नाना क्षेत्रों में भी दिखाई पड़ता है। एकान्त प्रभाव उस अन्तर्मुख प्रेम में देखा जाता है जो प्रेमी को लोक के कर्म क्षेत्र से खींचकर केवल दो प्राणियों के एक छोटे-से संसार में बन्द कर देता है। उसका उठना-बैठना, चलना-फिरना, मरना-जीना उसी घेरे के भीतर होता है। वह उस घेरे से बाहर कोई प्रभाव उत्पन्न करने के उद्देश्य से कुछ नहीं करता। उसमें जो साहस, धीरता, दृढ़ता, कष्ट-सहिष्णुता आदि दिखाई देती है। वह प्रेम-मार्ग के बीच प्रेमोन्माद के रूप में, लोक के बीच के कर्तव्य के रूप में नहीं। सारांश यह कि इस प्रकार के प्रेम का क्षेत्र सामाजिक और पारिवारिक जीवन से विच्छिन्न होता है। उसमें प्रिय-पक्ष का प्रबल राग जीवन के अन्य सब पक्षों से पूर्ण विराग की प्रतिष्ठा कर देता है।

प्रश्न

(क) प्रस्तुत गद्यांश का उपयुक्त शीर्षक लिखिए।

(ख) प्रस्तुत अवतरण का सार अपने शब्दों में लिखिए।

(ग) निम्न प्रश्नों के संक्षिप्त में उत्तर दीजिए।

1. एकान्त प्रेम लोक-जीवन से कैसे पृथक् हो जाता है ?
2. एकान्त प्रेम की प्रमुख विशेषता क्या है ?

उत्तर

(क) एकान्तिक प्रेम की लोक-जीवन से पृथक्ता।

(ख) एकान्तिक प्रेमी लोक-जीवन से विमुख हो जाता है। उसका सारा किया व्यापार अपने प्रिय के आसपास सिमट कर रह जाता है। लोक-जीवन से उसको कुछ लेना-देना नहीं होता। उसके लिए उसका प्रिय ही सर्वस्व होता है।

(ग) 1. एकान्त प्रेम में प्रेमी अपने निजी स्वार्थ के कारण लोक-जीवन से पृथक् हो जाता है।

2. एकान्त प्रेम की प्रमुख विशेषता व्यक्तिनिष्ठता है।

7

चापलूसी का सर्वाधिक कारगर रूप वह सूक्ष्म खुशामद है जिसमें पता ही नहीं चलता कि खुशामद की गयी है। यह चाटुकारिता शब्दों से नहीं आचरण से सम्पन्न की जाती है। शाब्दिक चाटुकारिता के कई रूप हो सकते हैं। अकेले में मुंह के सामने ही झूठी प्रशंसा करना, उसका अपरिष्कृत रूप है। लेकिन यही प्रशंसा यदि सबके सामने की जाए तो यह अधिक प्रभावशाली हो जाती है। प्रशंसात्मक निजी पत्र भी लिखे जा सकते हैं लेकिन वे अधिक कारगर नहीं होते। पत्रों में व्यक्त खुशामद का प्रभाव इसलिए भी कम होता है कि पत्रों को बिना आत्म प्रदर्शन के हम दूसरों को दिखा नहीं पाते। शाब्दिक चाटुकारिता का एक और रूप 'वाह-वाही' और 'हां में हां' मिलाना है। यह सरल है लेकिन ख़तरे से ख़ाली नहीं है क्योंकि इसमें कहां हां कहना चाहिए इसमें तमीज करनी होती है।

प्रश्न

(क) उपर्युक्त गद्यांश का उचित शीर्षक दीजिए।

(ख) गद्यांश का सार अपने शब्दों में लिखिए।

(ग) निम्न प्रश्नों के संक्षिप्त में उत्तर दीजिए।

1. खुशामद का सबसे कारगर रूप क्या है ?
2. शाब्दिक चाटुकारिता के कितने रूप होते हैं ?

उत्तर

(क) शाब्दिक चाटुकारिता के विविध रूप।

(ख) चाटुकारिता के विविध रूपों में शाब्दिक चाटुकारिता विशेष होती है, इसके कई रूप होते हैं। लेकिन इसके कई खतरे भी होते हैं। इस कारण इसमें काफी सावधानी बरतनी चाहिए।

(ग) 1. चाटुकारिता का सबसे कारगर रूप आचरण से प्रकट की जाने वाली चाटुकारिता होती है।

2. मुँह के सामने झूठी प्रशंसा करना, प्रशंसात्मक पत्र लिखना शाब्दिक चाटुकारिता के रूप हैं।

अभ्यास के लिए कुछ अपठित गद्यांश

1

भित्ति चित्रों का सम्बन्ध आदि मानव से भी जोड़ा जाता है। आज भी गांवों में भित्ति चित्र किसी न किसी रूप में जीवित हैं। इनके हाथों से बनाए गए थापे, दीवारों, द्वारों और खिड़कियों के आलंकारिक रेखाचित्र, सांझी, करवा चौथ व पशु-पक्षियों के चित्र सम्मिलित किए जा सकते हैं। हाथ के पंजों के थापे पूजा-पाठ या धार्मिक अनुष्ठानों पर चावल और हल्दी पीस कर बनाए हुए लेप से चित्रित किए जाते हैं। रेखाचित्र पर्वों और शादी ब्याह के समय दीवारों को लीप-पोत कर बनाए जाते हैं। प्रायः इस कार्य के लिए 'गेरू' नामक लाल मिट्टी का प्रयोग किया जाता है। 'कोहबर' विवाह पर एक विशेष टब में बनता है। जहां वर-वधू जाकर कुछ पारम्परिक क्रियाएँ करते हैं। कोहवर साफ दीवार पर गोबर के लेप, गेरू, चूना, रोली आदि के मिश्रण से बनाया जाता है। उत्तर भारत में किशोरियाँ पिडिया व्रत रखती हैं। इस व्रत में दीवार पर गोबर की विविध आकृतियाँ बनाकर उनकी पूजा की जाती है। इसी प्रकार 'सांझी' ब्रज, मालवा और राजस्थान का प्रमुख रेखांकन है। इसी प्रकार करवा चौथ के व्रत में दीवार पर पार्वती देवी का चित्र बनाकर पूजा की जाती है। दक्षिण भारत में भी भित्ति चित्र बनाने की प्रथा है। आदिवासी संस्कृति में भी ऐसे चित्र मिलते हैं।

प्रश्न

(क) उपर्युक्त गद्यांश का उचित शीर्षक बताइए।

(ख) गद्यांश का सार अपने शब्दों में लिखिए।

(ग) 1. उत्तर भारत में कौन-कौन से भित्ति चित्र बनाए जाते हैं ?

2. 'कोहवर' भित्ति चित्र में किस सामग्री का प्रयोग किया जाता है ?

2

स्वाधीनता के 46 वर्षों के पश्चात् जिस तरह के परिवर्तन भारत के चेहरे पर आए हैं, न्यूनाधिक रूप में वे परिवर्तन भारतीय नारी के चेहरे पर भी दृष्टिगोचर हो रहे हैं, यदि नगरों एवं कस्बों की जिन्दगी पर नई टैक्नोलॉजी और औद्योगीकरण ने अपनी छाप छोड़ी है तो शिक्षा के बल पर शहरी औरत ने भी राजनीति, विज्ञान एवं उद्योग जैसे प्रमुख क्षेत्रों में अपनी योग्यता के झंडे गाड़े हैं। इस परिवर्तन का प्रभाव उसकी आर्थिक और सामाजिक स्थिति पर भी पड़ा है। परिवर्तन की यह लहर उनकी चाल-ढाल तथा पहनावे से लेकर उनकी रसोई तक में झलकने लगी है, जहां की जिम्मेदारी आज भी पूरी तरह उसी के मजबूत कंधों पर टिकी हुई है, लेकिन जिस प्रकार अर्थव्यवस्था, विज्ञान, प्रौद्योगिकी तथा उद्योग के क्षेत्रों में हुई

उपलब्धियाँ काफी हद तक शहरी क्षेत्रों तक होकर रह गयी हैं, उसी प्रकार महिलाओं की जीवन शैली में आया बदलाव भी शहरी समाज तक ही सीमित रहा है, गांवों व छोटे कस्बों तक इस परिवर्तन की केवल चर्चा ही पहुंच पाई है। शिक्षा के प्रसार के मामले में स्थिति यह है कि आज भी 75 प्रतिशत महिलाएँ अनपढ़ हैं, जिनमें अधिकांश ग्रामीण क्षेत्रों में रहने वाली हैं।

यह सही है कि भारतीय संविधान ने स्त्री-पुरुष को समानता का अधिकार दिया है, लेकिन क्या वास्तव में नारी को आज समानता का दर्जा प्राप्त है ? वास्तविकता तो यह है कि सवैधानिक और राजनीतिक समानता के फल औरतों के केवल उस वर्ग तक ही पहुँच पाए हैं जिसके पास शिक्षा अथवा सामाजिक प्रतिष्ठा है। कभी-कभी श्रीमती इन्दिरा गांधी को प्रधानमन्त्री के रूप में तथा किरणबेदी को अधिकारी के रूप में प्रस्तुत करके यह सिद्ध करने का प्रयास किया जाता रहा है कि भारत में नारियों को सामाजिक एवं राजनीतिक अधिकार प्राप्त हैं।

प्रश्न

(क) प्रस्तुत अवतरण का शीर्षक बताइए।

(ख) गद्यांश का सार अपने शब्दों में लिखिए।

(ग) भारत समाज में नारी की क्या स्थिति है ?

(घ) संविधान की दृष्टि से नारी की स्थिति को स्पष्ट कीजिए।

3

आधुनिक ओलम्पिक के जनक फ्रांस के विचारक और खेल-प्रेमी पीए-द-कूबर्ख्ते ने ओलम्पिक और कला में सामंजस्य लाने के उददेश्य से 1906 में पेरिस में एक सम्मेलन कराया था। कूबर्ख्ते ने विश्वभर के युवाओं को एकजुट करने का सपना देखा था। वे चाहते थे कि युवा निष्क्रिय बनकर बैठे न रहें बल्कि अपनी प्रतिभा खेल के मैदान के साथ-साथ अन्य क्षेत्रों में भी प्रदर्शित करें। सम्मेलन में विचार किया गया कि कला और साहित्य को ओलम्पिक खेलों का अभिन्न अंग कैसे बनाया जाए। निर्णय किया गया कि ओलम्पिक खेलों की तरह सांस्कृतिक-ओलम्पिक का भी आयोजन किया जाए। संगीत, चित्रकला, मूर्तिकला, वास्तुकला और साहित्य की प्रतियोगिताएँ कराई जाएँ और उनमें भी ओलम्पिक खेलों की तरह पदक और पुरस्कार दिए जाएँ। कला प्रतियोगिताएँ 1912 के स्टॉकहोम ओलम्पिक में आरम्भ की गईं और 1948 के लन्दन ओलम्पिक तक चलती रहीं। लेकिन विभिन्न कारणों से कला प्रतियोगिताएँ बन्द कर दी गईं। केवल प्रदर्शन के तौर पर सांस्कृतिक कार्यक्रम कराए जाने लगे। ओलम्पिक चार्टर (ओलम्पिक आयोजन की निर्देश पुस्तक) में भी प्रावधान किया गया कि प्रत्येक ओलम्पिक खेल की संयोजन समिति

के लिए यह अनिवार्य होगा कि खेलों से पहले अथवा उनके दौरान वह कला पदर्शन कराए। संगीत-नृत्य के कार्यक्रम रखे जाएँ, साहित्य गोष्ठियाँ हों और कला प्रदर्शनी का आयोजन किया जाए। फोटोग्राफी और खेल सम्बन्धी डाक टिकटों के प्रकाशन को भी ओलम्पिक का हिस्सा बना दिया गया। धीरे-धीरे थियेटर, बैले, ओपेरा और सिम्फनी सभाओं ने भी ओलम्पिक में अपना स्थान बना लिया। इन आयोजनों में अतिथि देश के कलाकार तो अपनी प्रतिभा का प्रदर्शन करते ही हैं, अन्य देशों के कलाकार अपनी-अपनी संस्कृति, वेशभूषा और परम्पराओं की झलक भी प्रस्तुत करते हैं

प्रश्न

(क) प्रस्तुत अवतरण का शीर्षक लिखिए।
(ख) गद्यांश का सार अपने शब्दों में लिखिए।
(ग) ओलम्पिक आयोजन में कला को क्यों रखा गया ?
(घ) ओलम्पिक में कला के प्रदर्शन से क्या लाभ होता है ?

4

शिक्षा मानवीय विकास का प्रभावशाली साधन है। मानव की सभी कृतियाँ उसके द्वारा प्राप्त शिक्षा पर निर्भर करती हैं। यही नहीं अपितु व्यक्ति व समाज में एकात्म भाव की सृष्टि शिक्षा के माध्यम से ही होती है। शिक्षा समाज की स्वयंभू स्थिति की संवाहिका है। शिक्षा के द्वारा व्यक्ति व्यक्ति के साथ एकात्म होता है तथा अपने व्यक्तित्व की साधना के मार्ग तथा लक्ष्य को पाता है। शिक्षा के सहारे मानव की अद्यतन संचित ज्ञान निधि हस्तांतरित होती है। इसी पूंजी को लेकर मानव समष्टि को अपना योगदान करता है। यदि शिक्षा न हो तो समाज का जन्म ही न हो, मनुष्य अपनी बुद्धि का सही व समुचित तो क्या किंचित भी उपयोग करने का अवसर ही न पाए। इसीलिए शिक्षा हमारी समस्या है। चूंकि किसी देश का वर्तमान और भविष्य वहां की शिक्षा व्यवस्था से ही बनता-बिगड़ता है अतः जितनी तेजी से शिक्षा पद्धति में परिवर्तन लाना सम्भव हो उतनी तेज़ी बरतने की आवश्यकता है।

आज प्रश्न यह है कि शिक्षा पद्धति में परिवर्तन की कौन-सी दिशा और प्रक्रिया अपनाई जाए जो शिक्षा में फैली तमाम विसंगतियों का निवारण कर सके। महर्षि अरविन्द ने सच्ची राष्ट्रीय शिक्षा की विवेचना करते हुए कहा है कि 'सच्ची' और 'सजीव' शिक्षा केवल वही कही जा सकती है जो मनुष्य की इस तरह सहायता करे कि उसके अन्दर जो भी शक्ति सामर्थ्य निहित है वह बाहर अभिव्यक्त हो उसके जीवन में अपना पूरा लाभ प्रदान करे तथा मनुष्य जीवन का जो भी सम्पूर्ण उददेश्य और सम्भावना है उसकी संसिद्धि के लिए उसे तैयार करे।

प्रश्न

(क) गद्यांश का सार अपने शब्दों में लिखिए।

(ख) मनुष्य के व्यक्तित्व के विकास में शिक्षा का क्या योगदान है ?

(ग) शिक्षा के सम्बन्ध में महर्षि अरविन्द के विचार क्या हैं ?

5

शरीर को सुचारु रूप से कार्य करने, उसके विकास और उसे नीरोग रखने के लिए संतुलित आहार अत्यन्त आवश्यक है। आहार का अर्थ उन अनिवार्य तत्त्वों से है, जो शरीर के लिए आवश्यक हैं। ये तत्त्व हैं–प्रोटीन, वसा, कार्बोहाइड्रेट, खनिज लवण, विटामिन तथा जल। इन तत्वों को हम शुद्ध रूप में ग्रहण नहीं कर सकते, बल्कि इन्हें विभिन्न भोज्य पदार्थों के माध्यम से ग्रहण करते हैं। जैसे–प्रोटीन को हम दूध, अण्डे, दाल और मांस आदि के माध्यम से ग्रहण करते हैं। वसा के मुख्य स्रोत दूध तथा दूध से बने पदार्थ, मांस, मछली, अण्डे का पीला भाग, पशुओं की चर्वी, बीजों और अनाजों से निकले हुए तेल, सूखे मेवे तथा फल हैं। कार्बोहाइड्रेट मैदा, आलू, गुड़, शक्कर तथा अन्य भोज्य पदार्थों के माध्यम से ग्रहण करते हैं। इसी प्रकार बहुत से फलों तथा सब्जियों और अनाजों के माध्यम से भी हम कुछ अन्य पोषक तत्त्व ग्रहण करते हैं।

मनुष्य को अपनी आयु, लिंग और कार्य करने की क्षमता के अनुसार एक निश्चित मात्रा में आहार की आवश्यकता होती है। मनुष्य को आहार के सभी तत्त्व समुचित मात्रा और अनुपात में मिलने से उसका स्वास्थ्य ठीक रहता है। विभिन्न कारणों से अनेक व्यक्तियों को इस प्रकार का आहार उपलब्ध नहीं हो पाता। आहार के अनिवार्य तत्त्वों की मात्रा तथा अनुपात के कम या अधिक होने के आधार पर व्यक्ति को कुपोषण के वर्ग में रखा जाता है।

उचित पोषण आहार उसे कह सकते हैं, जिसमें आहार के सभी गुण तथा उद्देश्य पूर्ण रूप से विद्यमान रहते हैं। उचित पोषण में भोजन की मात्रा तथा अनुपात इस प्रकार होना चाहिए कि शरीर की सभी बुनियादी आवश्यकताओं के लिए पोषक तत्त्व पर्याप्त मात्रा में उपलब्ध हों। पोषक आहार से शरीर की समस्त कोशिकाओं का निर्माण हो, शरीर की समस्त ग्रन्थियों में रस और एंजाइम्स उचित मात्रा में बनते रहें। शरीर की क्रियाओं के लिए ऊर्जा प्राप्त होती रहे और शरीर में होने वाले क्षति की पूर्ति भी होती रहे। उचित पोषण से समस्त शारीरिक क्रियाएँ सुचारु रूप से चलती रहें तथा शरीर का प्रत्येक भाग स्वस्थ तथा सुविकसित रहे।

प्रश्न

(क) गद्यांश का उचित शीर्षक बताइए।

(ख) गद्यांश का सार अपने शब्दों में लिखिए।

(ग) उचित पोषण आधार किसे कहते हैं।

(घ) संतुलित आहार शरीर के लिए क्यों अनिवार्य है ?

6

विज्ञान ने भी मानव-जीवन के उन्नयन के लिए बहुत कुछ अर्पित किया है। भौतिक उत्कर्ष के नए-नए आयाम प्रस्तुत करने में विज्ञान का योगदान श्लाघ्य है। प्रकृति को समझकर उसके गूढ़ रहस्यों के भेदन के लिए विज्ञान ने जिस पृष्ठभूमि का निर्माण किया, उसका प्रस्फुटन तकनीकी आविष्कारों में हुआ। यदि धर्म ने मानव आत्मा को विश्वात्मा के दर्शन करने के लिए उन्नत किया तो विज्ञान ने भी आज एक विश्व-परिवार की स्थापना के लिए मार्ग प्रशस्त किया है। यदि धर्म ने चेतन और जड़ में एक ही मूल तत्त्व का साक्षात्कार किया और यदि क्षुद्र से विराट् तक सर्वदा एक ही सत्ता का दिग्दर्शन कराया, तब वहाँ विज्ञान ने भी क्षुद्र परमाणु से असीम शक्ति का भण्डार प्राप्त कर दिखाया। विज्ञान और धर्म अपनी मूल प्रकृति में अत्यन्त सन्निकट हैं।

इस तथ्य पर ध्यान दीजिए, विज्ञान यह तो बताता है कि क्या है ? पर यह नहीं बताता कि 'क्या होना चाहिए ? अर्थात् विज्ञान निरपेक्ष सत्य का तो आविष्कार करना चाहता है पर उस ज्ञान का उपयोग किस दिशा में होना चाहिए, उसका कोई संकेत नहीं करता। एक प्रकार से यह निर्जीव या निष्प्राण है। ज्ञान के इस शव में धर्म प्राण फूँकता है, उसे शिव बनाता है। निष्प्राण वैज्ञानिक सत्य धर्म के प्राणदायी संस्पर्श से 'शिव' बनकर सृष्टि के सौंदर्य का रसास्वादन कराता है। इस भाँति विज्ञान यदि शरीर है तो धर्म प्राण और संस्कृति आत्मा। बिना प्राण के शरीर निरर्थक है और बिना शरीर के प्राण निराधार भटकता रहता है। अतः मानवीय उत्कर्ष के लिए विज्ञान और धर्म दोनों वरेण्य हैं। विज्ञान के रथ पर धर्म का सारथी आरूढ़ होकर ही अपनी इस यात्रा में यशस्वी को सकेगा।

प्रश्न

(क) गद्यांश का उचित शीर्षक बताइए।

(ख) गद्यांश का सार अपने शब्दों में लिखिए।

(ग) धर्म और विज्ञान का क्या सम्बन्ध है ?

7

वास्तव में ईसवी सन् पहली शताब्दी और सातवीं शताब्दी के बीच की दीर्घ अवधि बौद्धधर्म और हिन्दूधर्म के बीच संघर्ष की अवधि थी, जिसमें हिन्दूधर्म क्रमशः विजयी हुआ। सातवीं सदी के कुमारिल भट्ट हिन्दू आदर्शवाद के एक उल्लेखनीय

प्रतिपादक हुए हैं जिन्होंने बौद्ध सिद्धान्तों और अवधारणाओं को चुनौती दी थी। अत्यन्त घृणा के साथ उन्होंने बौद्धों को ललकारा कि उन्हें वेदों के प्राचीन दर्शन और जाति व्यवस्था पर हमला करने का क्या हक है। उन्होंने कहा कि "बुद्ध के बताए दया, अहिंसा, इत्यादि के उच्च सिद्धान्त, उस दूध के समान हैं जो कुत्ते की खाल के प्याले में किसी को दिया जाए। ये सिद्धान्त अपवित्र हैं, अविश्वसनीय हैं और अस्वीकार्य है।"

प्रश्न

(क) उपर्युक्त गद्यांश के शीर्षक का नाम बताइए।

(ख) गद्यांश का सार अपने शब्दों में लिखिए।

(ग) कुमारिल भट्ट ने बौद्धदर्शन पर क्या आक्षेप लगाए हैं ?

8

मनुष्य की मूल साधुता और बौद्धिक प्रतिभा की समानता, अनुभव, आदत और शिक्षा की सर्वसत्तात्मक, मनुष्य पर परिवेश के प्रभाव, उद्योगों के अतीव महत्त्व, आनन्द उपभोग के औचित्य सम्बन्धी भौतिकवाद की शिक्षा में यह देखने के लिए बहुत गहराई तक पैठने की जरूरत नहीं है कि भौतिकवाद कैसे समाजवाद से जुड़ा है। यदि मनुष्य इन्द्रिय गोचर जगत् से और उससे प्राप्त अनुभव से अपना सारा ज्ञान, संवेदन हासिल करता है तो फिर आवश्यकता केवल इस बात की रह जाती है कि इन्द्रियानुभविक जगत् को इस तरह व्यवस्थित किया जाए कि उसमें जो वास्तव में मानवीय है, मानव उसे अनुभव करे आत्मसात करे, कि वह मनुष्य के रूप में अपने से अवगत हो। यदि सही तौर पर समझा गया हित ही सारी नैतिकता है, तो यह आवश्यक है कि मनुष्य के निजी हित का मानवजाति के हित से मेल बिठाया जाए।

प्रश्न

(क) प्रस्तुत गद्यांश का उचित शीर्षक दीजिए।

(ख) मनुष्य परिवेश से कैसे प्रभावित होता है?

(ग) वास्तविक मानवीयता कैसे प्राप्त की जाती है?

9

सुखी जीवन के लिए यह आवश्यक है कि हम जो काम करें, वह सुन्दर हो और उससे हमें आनन्द मिले। लेकिन जब से आदम ने हव्वा की बात मानकर अल्लामियाँ की आज्ञा का उल्लंघन किया, तब से मनुष्य को यह शाप मिला कि उसका कर्ममय

जीवन दुःख का जीवन हो। दूसरे शब्दों में जब से व्यक्तिगत सम्पत्ति का जन्म हुआ, समाज में वर्ग बने, कुछ का कर्तव्य मेहनत करना हुआ और कुछ का कर्तव्य उनकी रक्षा करना और उन्हें ज्ञान देना हुआ, तब से सुन्दरता पर इज़ारा हो गया उनका जो केवल रक्षा करते थे, केवल ज्ञान देते थे, पेट भरने और तन ढकने के साधन पैदा करना जिनका काम न था। इसलिए जो लोग उपयोगी वस्तुएँ पैदा करते थे उनका जीवन दुखमय हुआ जो उपयोगी वस्तुओं के मालिक थे, उनका काम सुन्दरता की उपासना करना हुआ। निष्क्रिय और अवकाश भोगी जीवन के सौन्दर्य प्रेम को न्यायपूर्ण ठहराने के लिए ऐसा शास्त्र ही बन गया जो सौन्दर्य को उपयोगी वस्तुओं से अलग करके देखता था। सौन्दर्य की सत्ता वस्तुओं से हटाकर मनुष्य के मन या आत्मा में कर दी गयी और वस्तुओं को उस शाश्वत सौन्दर्य का प्रतीक भर माना गया।

प्रश्न

(क) उपर्युक्त अवतरण का शीर्षक बताइए।

(ख) गद्यांश का सार अपने शब्दों में लिखिए।

(ग) सौन्दर्य की सत्ता कहां विद्यमान होती है।

(घ) सौन्दर्य को उपयोगी वस्तुओं से अलग किसने और क्यों किया?

10

शक्तिशाली समाजों में दुर्बलों पर शासन करने की लालसा सदा से रही है। जब से मानव ने जीवन प्रारम्भ किया, प्रत्येक काल में शक्तिशाली वर्ग ने कमज़ोर वर्ग पर किसी न किसी रूप में शासन किया है। शक्तिशाली शासकों ने अन्य देशों व राज्यों पर बलात् अधिकार करके जबर्दस्ती अपने शासन का विस्तार किया है। जब एक देश किसी दूसरे देश को अपने अधीन करके उसे अपने राज्य का अंग बना लेता है तब विजयी देश का अपनी स्वाधीनता खो बैठने वाले पराधीन देश पर साम्राज्य स्थापित हो जाता है। एक अन्य परिभाषा में साम्राज्यवाद से तात्पर्य किसी राष्ट्र की ऐसी नीति या कार्यवाही से है जिसमें वह अपनी राष्ट्रीय एकता स्थापित करने के बाद अपने उद्योग विस्तार के लिए अन्य देशों को पराधीन बना लेता है और वहां अपना शासन स्थापित कर लेता है। 19वीं शताब्दी में इंग्लैण्ड, फ्रांस, पुर्तगाल आदि ने समुद्र पार के क्षेत्रों पर अपना शासन स्थापित करके साम्राज्य निर्माण किया था।

यद्यपि साम्राज्यवाद कोई नई संकल्पना नहीं है, प्राचीन काल से ही साम्राज्य निर्माण होते रहे हैं, किन्तु 19वां शताब्दी में साम्राज्यवाद सम्पूर्ण संसार पर छा गया। यूरोप के छोटे-छोटे देशों ने संसार के दूरस्थ प्रदेशों को इसलिए अपने अधीन किया

जिससे वे उनका शोषण कर सकें। उन्होंने एशिया तथा अफ्रीका के देशों को पराधीन बनाने में सफलता प्राप्त की क्योंकि उन्हें वहाँ वे सब परिस्थितियाँ मिलीं जिनके कारण वे वहाँ अपना-अपना साम्राज्य स्थापित कर सकते थे।

प्रश्न

(क) उपर्युक्त गद्यांश का उचित शीर्षक बताइए।
(ख) प्रस्तुत गद्यांश का सार लिखिए।
(ग) साम्राज्यवाद के स्वरूप को उद्घाटित कीजिए।
(घ) साम्राज्यवाद के फैलने का मुख्य कारण क्या है ?

11

भारत की संस्कृति महान् है। यह धर्म प्रधान संस्कृति कही जाती है क्योंकि यह मानव को उसके कर्तव्य का बोध कराती है। जब-जब हिन्दू धर्म में कर्मकाण्ड बढ़ता गया तथा जड़ता उत्पन्न हुई तब-तब समाज में कुरीतियाँ उत्पन्न हुईं। यही कारण है कि समय-समय पर यहाँ जो समाज सुधार आन्दोलन हुए उन्होंने जनता की सामाजिक कुरीतियों को दूर करने का प्रयास किया। ईसाई और इस्लाम धर्म के प्रवर्तकों के जन्म से भी हजारों वर्ष पूर्व जबकि संसार के अधिकांश लोग असभ्य जीवन व्यतीत कर रहे थे तब भारतीय समाज सुसभ्य व सुसंस्कृत जीवन व्यतीत कर रहा था। किन्तु कालान्तर में इस समाज को अंधविश्वास व रूढ़ियों ने जकड़ लिया। नर बलि, कर्मकाण्ड और छुआछूत ने घर कर लिया। इन बुराइयों की तीव्र प्रतिक्रिया हुई और जैन और बौद्धधर्म के प्रवर्तकों ने अपने विचारों में अहिंसा और धर्म के व्यावहारिक रूप पर बल दिया। आधुनिक काल में भी अनेक समाज सुधारकों का ध्यान इस ओर गया और उन्होंने भारतीय समाज में विद्यमान धार्मिक-सामाजिक दोषों को दूर करने के लिए अथक प्रयास किए। ब्रह्म समाज, आर्य समाज, रामकृष्ण मिशन, थियोसोफिकल सोसाइटी आदि संगठनों ने संस्कृति के सच्चे स्वरूप का प्रतिपादन किया। अंग्रेजी के आगमन के पश्चात् जो अंधकार युग प्रारम्भ हुआ उसे समाप्त करने का प्रयास इन समाज सुधारकों ने भारतीय अतीत के गौरवशाली इतिहास को उजागर करके किया।

प्रश्न

(क) उपर्युक्त गद्यांश का शीर्षक बताइए।
(ख) प्रस्तुत अवतरण का सार अपने शब्दों में लिखिए।
(ग) सांस्कृतिक उत्थान के लिए किन संगठनों ने महत्त्वपूर्ण भूमिका निभायी।
(घ) प्राचीन काल में भारतीय संस्कृति अन्य संस्कृतियों से किस प्रकार भिन्न थी।

12

आज के इस संकीर्णता वाले वातावरण से उबरने के लिए हमें एक बार फिर धार्मिक सहिष्णुता के विचारों में इस समस्या का समाधान खोजना चाहिए, जिन्होंने धर्म की व्याख्या करते हुए कहा था–जिसकी समस्त गतिविधियाँ और शक्तियाँ मानवता के सही स्वरूप की पहचान करने में लगी हों वही धर्म है। और इसी सत्य को ग्रहण करके कि सभी धर्मों की बुनियादी बातें एक समान होने के सिद्धान्त को मानती हैं। हम सभी को समझना चाहिए कि सभी धर्मों में, जीवन को उच्च बनाने के आचार-विचार व्यवहार और नैतिकता सम्बन्धी सिद्धान्त एक से हैं और हम सबको उनकी उपयोगिता जानने के लिए दूसरों को भी प्रेरित करना चाहिए। इसके समझने की ओर आत्मसात करने की विशेष आवश्यकता है क्योंकि बाइबिल का मूलमन्त्र ही यह है कि 'लोक सेवा ही ईश्वर की सेवा है' इस्लाम में भी कहा गया है कि "केवल धर्म-मज़हब का प्रचार ही पर्याप्त नहीं है। भ्रातृभाव से लोगों की खिदमत करना ही असली मज़हब कर्म है।"

आज हमें धर्म को संकीर्णता से नहीं जोड़ना है बल्कि उसे व्यापक रूप में लेकर ओछी राजनीति और संकीर्ण साम्प्रदायिकता के दायरे से मुक्त करके उसे मानव समाज के व्यापक कल्याण के लिए उपयोगी बनाकर, राष्ट्रीय एकता और फिर वैश्विक एकता के लिए समर्पित होना ही अपना उद्देश्य बनाना होगा तभी 'सर्वेभवन्तु सुखिनः' की भावना देश में आएगी।

प्रश्न

(क) प्रस्तुत गद्यांश का उपयुक्त शीर्षक बताइए।
(ख) गद्यांश का सार अपने शब्दों में लिखिए।
(ग) आज कर्म को किस रूप में ग्रहण करने की आवश्यकता है।
(घ) ईसाई और इस्लाम की धर्म के सन्दर्भ में क्या विचारधारा है ?

13

आज का समाज अपने वैयक्तिक उत्तरदायित्व के प्रति सर्वाधिक उदासीन है। वांछित क्रिया-कलापों का सेहरा तो वह अपने सिर पर बाँध लेता है परन्तु अवांछित गतिविधियों के लिए एक-दूसरे पर दोषारोपण करता है और अपने आपको निर्दोष साबित करता है। आज की अनैतिक गतिविधियाँ सामूहिक उदासीनता की द्योतक हैं। परावलम्बन की भावना ने स्वालम्बन को पीछे धकेल दिया है। अगर परिवार का प्रत्येक व्यक्ति अपने उत्तरदायित्व के प्रति सजग हो तो पारिवारिक समरसता बनी रहती है और बच्चों का सम्यक विकास हो पाता है। यह वैयक्तिक उत्तरदायित्व

की उदासीनता ही है जो पारिवारिक माहौल को विषाक्त बना बच्चों को गरल के लिए विवश करती है। बच्चों की देखभाल का दायित्व सामान्यतः माता-पिता के ऊपर होता है। परन्तु परिवार के अन्य सदस्यों का सक्रिय सहयोग भी अपेक्षित है। जो व्यक्ति जिस काम के योग्य हो उसमें उसे सक्रिय होकर बच्चों को भी अपने काम के प्रति सक्रिय रहने की सीख देनी चाहिए। स्व-निर्माण की क्षमता का विकास भी अत्यन्त अनिवार्य है। आज दिशा-निर्देश प्राप्त कर कार्य-सम्पादन में बहुतेरे लोग कुशल पाए जाते हैं परन्तु स्वनिर्णय करने में वे असमर्थ रहते हैं। परिवार के सदस्यों को चाहिए कि वे बच्चे में स्व निर्णय की भावना को विकसित करने में भी सहयोग दें।

प्रश्न

(क) उपर्युक्त अवतरण का शीर्षक बताइए।
(ख) गद्यांश का सार अपने शब्दों में लिखिए।
(ग) बच्चे के व्यक्तित्व निर्माण में परिवार की क्या भूमिका होती है।
(घ) वैयक्तिक उत्तरदायित्व के प्रति उदासीनता का क्या दुष्परिणाम होता है।

14

हिन्दी के साथ एक समस्या यह रही है कि स्वतन्त्रता के बाद इसका स्वाभाविक एवं स्वतन्त्र विकास बाधित हो गया है। राजभाषा बनने के बाद इसे तरह-तरह के अंकुशों, निर्देशों और उपदेशों के अनुसार आगे बढ़ने को विवश होना पड़ा। फलस्वरूप जनभाषा का इसका स्वाभाविक रूप विकृत हो गया और इसकी स्थिति उस दासी जैसी हो गयी जिसे महारानी का वेश पहनाकर राजसिंहासन पर बिठा दिया गया है। अब यह न तो राज कर सकती है न ही आजादी से घूम-फिर सकती है। आज तक किसी राजनेता ने नहीं कहा कि अंग्रेजी, बंगला या कोई भी और भाषा कैसी होनी चाहिए। किन्तु हिन्दी के मामले में आए दिन राजनेता से लेकर मन्त्रालय के अधिकारी और बैंक के मैनेजर तक सीख देते रहते हैं कि इसमें यह होना चाहिए वह होना चाहिए। एक कोने से फतवा दिया जाता है कि हिन्दी में संस्कृत शब्दों का ही अधिक प्रयोग किया जाना चाहिए। किसी दूसरे मंच से एलान किया जाता है कि अरबी, फारसी से निःसृत उर्दू शब्दों से हिन्दी सरल बन सकती है। मजे की बात यह है कि यह उपदेश भाषाशास्त्री, समाजशास्त्री अथवा आम लोगों की मानसिकता को समझने वाले सामाजिक कार्यकर्ता नहीं, बल्कि दफ्तरों में बैठे उच्च अधिकारी, राजनेता और कभी-कभी ऐसे विद्वान् देते हैं जिनका भाषा के व्यावहारिक प्रयोग से कुछ लेना-देना नहीं है।

प्रश्न

(क) प्रस्तुत अवतरण का शीर्षक बताइए।

(ख) गद्यांश का सार अपने शब्दों में लिखिए।

(ग) हिन्दी के प्रयोग में कौन-सा वर्ग बाधक है।

(घ) स्वाधीनता के पश्चात् हिन्दी के प्रचार-प्रसार में कौन-कौन से कार्य किए गए ?

8

पारिभाषिक शब्दावली

प्रयोग की दृष्टि से शब्दों के तीन प्रकार हैं : (1) सामान्य शब्द, (2) अर्द्धपारिभाषिक शब्द, (3) पारिभाषिक शब्द। सामान्य शब्द वे शब्द होते हैं जो आम बोलचाल के समय प्रयोग में लाए जाते हैं। प्रत्येक भाषा की सामान्य अभिव्यक्ति का मूल आधार ये ही शब्द होते हैं। अर्द्धपारिभाषिक रूप में–'रस', 'अर्थ' ऐसे ही शब्द हैं जो सामान्य और पारिभाषिक दोनों रूपों में प्रयुक्त होते हैं। 'रस' आम बोलचाल में 'खट्टा', 'मीठा' आदि का द्योतक है तो दर्शन शास्त्र में इसका अर्थ 'आनन्द' है। पारिभाषिक शब्द वे होते हैं जो अपना एक निश्चित अर्थ रखते हैं और किसी क्षेत्र विशेष के लिए ही उनका प्रयोग होता है। क्षेत्र विशेष में इनका अर्थ विशिष्ट एवं सीमित होता है। यह क्षेत्र विशेष आम बोलचाल का क्षेत्र न होकर ज्ञान विशेष (रसायन भौतिकी, दर्शनशास्त्र, मनोविज्ञान, समाजशास्त्र, अलंकार शास्त्र, गणित, राजनीति, अर्थशास्त्र आदि) का होता है।

पारिभाषिक शब्दों की परिभाषा देते हुए डॉ. रघुवीर ने लिखा है कि "जिन शब्दों की सीमा बाँध दी जाती है वे पारिभाषिक शब्द हो जाते हैं और जिनकी सीमा नहीं बाँधी जाती, वे साधारण शब्द होते हैं। यहां बाँधने से तात्पर्य शब्द को क्षेत्र विशेष तक सीमित करना है।" डॉ. गोपाल शर्मा के अनुसार "पारिभाषिक शब्द वह शब्द है जो किसी ज्ञान विशेष के क्षेत्र में एक निश्चित अर्थ में प्रयुक्त होता हो तथा जिसका अर्थ एक परिभाषा द्वारा स्थिर किया गया हो।" डॉ. भोलानाथ तिवारी पारिभाषिक शब्द की परिभाषा देते हुए लिखते हैं "पारिभाषिक शब्द ऐसे शब्दों को कहते हैं जो रसायन, भौतिकी, दर्शन, राजनीति आदि विभिन्न विज्ञानों या शास्त्रों के शब्द होते हैं तथा जो अपने-अपने क्षेत्रों में विशिष्ट अर्थ में सुनिश्चित रूप से परिभाषित होते हैं। अर्थ और प्रयोग की दृष्टि से निश्चित रूप से पारिभाषित शब्द कहे जाते हैं।"

उपरोक्त परिभाषाओं के विश्लेषण से निम्न तथ्य उभर कर आते हैं। सर्वप्रथम, पारिभाषिक शब्द का सम्बन्ध विशेष रूप से किसी ज्ञान विशेष के क्षेत्र

से होता है। दूसरे, उसका एक निश्चित अर्थ होता है। तीसरे, वह निश्चित रूप से पारिभांषित होता है। अपने क्षेत्र में निश्चित रूप से पारिभाषित होने का कारण उसका प्रयोग दूसरे क्षेत्र में नहीं किया जा सकता।

पारिभाषिक शब्दों की विशेषताएँ

1. सरल एवं सहज : पारिभाषिक शब्द का सरल एवं सहज होना अनिवार्य है। यह सरलता उच्चारण की दृष्टि से विशेष महत्त्व रखती है क्योंकि सहज-सरल शब्द समाज में शीघ्र ही मान्य हो जाता है।

2. निश्चित एवं स्पष्ट अर्थ : पारिभाषिक शब्द का अर्थ निश्चित एवं स्पष्ट होना चाहिए। अपनी अर्थ-परिधि न अधिक और न कम अर्थ उसे व्यक्त करना चाहिए। उसमें किसी प्रकार दुर्बाधता और अस्पष्टता भी नहीं होनी चाहिए।

3. एक ही क्षेत्र-विशेष से सम्बद्ध : एक पारिभाषिक शब्द का क्षेत्र-विशेष में एक ही अर्थ होना चाहिए ताकि प्रयोक्ता को दूसरे अर्थ का भ्रम न हो।

4. एक संकल्पना : एक शब्द—क्षेत्र विशेष (राजनीति, अर्थशास्त्र, गणित आदि) में एक संकल्पना के लिए एक ही पारिभाषिक शब्द होना चाहिए।

5. संक्षिप्त : पारिभाषिक शब्द यथासाध्य संक्षिप्त होना चाहिए। जिस भाषा में उसका प्रयोग किया जा रहा हो, वह उसकी उच्चारण प्रकृति के अनुकूल हो।

6. मूल शब्द से निर्मित : पारिभाषिक शब्द का निर्माण जहां तक सम्भव हो मूल शब्द (धातु) से करना चाहिए। एक से अधिक शब्दों के नाम न होकर व्याख्या प्रतीत होते हैं

7. उर्वरता : पारिभाषिक शब्द में उर्वरता का गुण होना अत्यन्त अनिवार्य है ताकि आवश्यकता पड़ने पर उसमें उपसर्ग व प्रत्यय जोड़कर नए शब्दों का निर्माण किया जा सके। जैसे 'मानक' से मानकता, मानकीकरण तथा 'मानव' से मानवता, मानवीयता, मानविकी, मानवीकरण आदि।

8. विषय विशेष के विशेष शब्द : एक विषय-क्षेत्र के पारिभाषिक शब्द एक प्रकार के होते हैं तो दूसरे विषय-क्षेत्र के शब्द दूसरे प्रकार के। इस एकरूपता के कारण पारिभाषिक शब्दों की उपयोगिता बढ़ जाती है जैसे—आक्सीजन, हाईड्रोजन और नाइट्रोजन के लिए क्रमशः ओषजन, उद्‌जन तथा नत्रजन आदि शब्द गढ़ लिए गए हैं।

9. परस्पर भिन्नता : प्रत्येक पारिभाषिक शब्द को परस्पर इतना अलग होना चाहिए कि उसे सुन या पढ़कर किसी अन्य पारिभाषिक शब्द का भ्रम न हो।

10. स्रोत भाषा के अनुरूप : लक्ष्य भाषा में निर्मित पारिभाषिक शब्द स्रोत भाषा (वह भाषा जिससे पारिभाषिक शब्द मूलतः निर्मित हुआ हो) के अनुरूप

होना चाहिए। यदि स्रोत भाषा में पारिभाषिक शब्द एक शब्दीय हैं तो लक्ष्य भाषा में भी उसे एक शब्दीय होना चाहिए दो या तीन शब्दों का नहीं।

पारिभाषिक शब्द निर्माण सम्बन्धी मत मतान्तर : पारिभाषिक शब्दों के निर्माण के सम्बन्ध में अलग-अलग विद्वानों के अलग-अलग मत हैं। एक मत राष्ट्रीयतावादी/संस्कृतवादियों का है जो प्रत्येक पारिभाषिक शब्द को संस्कृत शब्द की मूल धातु से निर्मित करने पर बल देता है। दूसरा मत अंतर्राष्ट्रीयतावादियों का है जो उन अभारतीय भाषाओं के प्रचलित पारिभाषिक शब्दों को ध्वनि अनुकूल के साथ अपनाने के पक्ष में है। तीसरा मत लोकवादियों का है जो जनता में प्रचलित हिन्दी, उर्दू, अरबी, फारसी, अंग्रेजी आदि शब्दों व धातु रूपों से पारिभाषिक शब्दों के निर्माण पर बल देते हैं। चौथा मत समन्वयवादियों का है। इसके अनुसार उपरोक्त तीनों मतों की अच्छाइयों का समावेश करके ही पारिभाषिक शब्द का निर्माण करना चाहिए। चारों सम्प्रदायों का संक्षिप्त वर्णन यहां प्रस्तुत है।

1. राष्ट्रीयतावादी संस्कृतवादी : ये पूरी पारिभाषिक शब्दावली संस्कृत से निर्मित करने पर बल देते हैं। जो पारिभाषिक शब्द संस्कृत में नहीं हैं उन्हें संस्कृत की मूल धातु में उपसर्ग, प्रत्यय समास-पद्धति द्वारा या दो या दो से अधिक संस्कृत शब्द मिलाकर नया शब्द वना लेने के पक्ष में हैं। डॉ. रघुवीर सिंह इस मत के प्रमुख समर्थक हैं। नहर के लिए कुल्या, सड़क के लिए रथ्या, स्टेशन के लिए स्यान, पेन के लिए मसी शब्द इसी सम्प्रदाय ने निर्मित किए। वे शब्द प्रचलन में नहीं आए यह वात अलग है।

2. अन्तर्राष्ट्रीयतावादी/आदानवादी : इस मत के समर्थक अंग्रेजी और अन्तर्राष्ट्रीय शब्दावली की हिन्दी में ध्वनि अनुकूल के साथ अपनाने के पक्ष में हैं। यह अपने पक्ष में दो प्रमुख तर्क प्रस्तुत करते हैं। प्रथम कि अंग्रेजी और अन्तर्राष्ट्रीय शब्दावली विश्व भर में प्रचलित हैं। अतः उसमें परिचित होने पर हमारे विज्ञान या शास्त्र वेत्ताओं को विभिन्न भाषायों में प्रकाशित सामग्री को समझने में सहायता मिलेगी। दूसरे, नये-शब्दों का आगमन हमेशा होता रहेगा। कव तक देशी स्रोतों (संस्कृत आदि) से शब्दों का हम निर्माण करेंगे। अकादमी, तकनीक, त्रासदी, कामदी आदि शब्द इसी सम्प्रदाय की देन हैं

3. हिन्दुस्तानी : इस मत के प्रवर्तकों के अनुसार जन-जीवन में प्रचलित हिन्दी, उर्दू, अरबी-फारसी आदि लोकभाषाओं से ही शब्द लेकर परिभाषिक शब्दों का निर्माण करना चाहिए। प. सुन्दरलाल, उस्मानियाँ विश्वविद्यालय तथा हिन्दुस्तानी, कल्चर सोसायटी इस मत के समर्थक व प्रवर्तक हैं। इन्होंने चालबढ़ाव, स्टैन्डर्डयियाना पलटकारी, शासनीय, अचानकी जैसे हास्यास्पद शब्द बनाए हैं।

4. समन्वयवादी : यह मध्यम मार्ग है। यह राष्ट्रीयता, अन्तर्राष्ट्रीयतावादी, हिन्दुस्तानी तीनों के गुणों का समावेश करके शब्द निर्माण के पक्ष में है। इसके

अनुसार एक ओर जहां परम्परा पोषित शब्द सम्पदा को धरोहर मानकर अपनाना चाहिए वहीं दूसरी ओर लोक प्रचलित शब्दों को चाहे वह किसी भी भाषा के हों, अपना लेना चाहिए। दुरूह दुर्बोध शब्दों को गढ़ने की प्रवृत्ति का त्याग कर प्रचलित तद्भव-देशज शब्द को भी स्वीकार कर लेना चाहिए। काशी नागरी प्रचारिणी सभा, हिन्दी साहित्य सम्मेलन, केन्द्रीय हिन्दी निदेशालय आयोग इसी मत के समर्थक हैं।

पारिभाषिक शब्दों के भेद

पारिभाषिक शब्दों के अलग-अलग आधार होते हैं। इन अलग-अलग आधारों पर उन्हें कई वर्गों में विभाजित किया जा सकता है। (क) तत्सम, (ख) तद्भव, (ग) विदेशी। इनके उदाहरणों में क्रमशः अणु, पावती, विटामिन लिए जा सकते हैं।

1. प्रयोग के आधार पर : इस दृष्टि से सामान्य, पारिभाषिक और अर्द्धपारिभाषिक—तीन भेद होते हैं। पूर्ण पारिभाषिक पूर्ण रूप से पारिभाषिक अर्थ में प्रयुक्त होते हैं। अर्द्धपारिभाषिक दो अर्थों में प्रयुक्त होते हैं। पारिभाषिक और सामान्य। सामान्य शब्द सामान्य भाषा के साथ-साथ प्रसंगानुसार ज्ञान-विज्ञान में पारिभाषिक अर्थ भी देते हैं। जैसे 'दंत' चिकित्सा शास्त्र में पारिभाषिक शब्द है तो सामान्य भाषा का सामान्य शब्द भी।

3. सूक्ष्मता-स्थूलता के आधार पर : इस आधार पर पारिभाषिक शब्द के दो वर्ग हैं—प्रथम, संकल्पना बोधक, दूसरे; वस्तु बोधक पारिभाषिक शब्द।

किसी संकल्पना को व्यक्त करने वाला शब्द संकल्पना बोधक पारिभाषिक शब्द है तो किसी ठोस वस्तु को पारिभाषित करने वाला शब्द वस्तुबोधक पारिभाषिक शब्द होता है।

4. स्रोत के आधार पर : स्रोत के आधार पर तीन प्रकार के पारिभाषिक शब्द होते हैं।

(क) भाषा में पहले से प्रयुक्त : जो शब्द भाषा में पहले से चले आ रहे होते हैं। ये सामान्य और पारिभाषिक दोनों प्रकार के हो सकते हैं।

(ख) गृहीत शब्द : ऐसे शब्द जो किसी दूसरी भाषा से ग्रहण किए गए हैं।

(ग) नवनिर्मित : आवश्यकता पड़ने पर नए शब्दों का निर्माण इस श्रेणी में आता है।

पारिभाषिक शब्दों की रचना कई स्रोतों से की जाती है। ये स्रोत संस्कृत, हिन्दी, अंग्रेजी तथा अन्य भाषाओं से भी हो सकते हैं। संस्कृत-हिन्दी के उपसर्ग, प्रत्यय, सभास, सन्धि तथा हिन्दी के तद्भव, तत्सम, देशज आदि संस्कृत-हिन्दी के प्रमुख तत्त्व हैं। जिनसे पारिभाषिक शब्द निर्मित होते हैं। हिन्दी के सम्पर्क में आने वाली अन्य लोक बोलियाँ तथा अंग्रेजी, फ्रेंच, जर्मन, रूसी, अरबी, तुर्की, फारसी

भाषाएं अन्य स्रोत हैं। जिनका वर्णन यहां क्रमशः प्रस्तुत है।

(1) उपसर्ग : उपसर्ग शब्द या धातु के आरम्भ में जुड़ने वाली लघुतम और सार्थक इकाई है। हिंदी में उपसर्गों की तीन श्रेणियां हैं। तत्सम, तद्भव और विदेशी।

तत्सम उपसर्गों से निर्मित शब्द

उपसर्ग	निर्माण प्रक्रिया	शब्द	अंग्रेजी पर्याय
अ	अ + सह + मत	असहमत	Dissenting
अ	अ + श्लील	अश्लील	Indecent
अति	अति + क्रमण	अतिक्रमण	Over stepping
अनु	अनु + भूति	अनुभूति	Feeling
अप	अप + वाद	अपवाद	Exception
आ	आ + बंटन	आबंटन	Allotment
नि	नि + काय	निकाय	Body
प्र	प्र + आचार्य	प्राचार्य	Principal
वि	वि + कार	विकार	Defect
स	स + क्षम	सक्षम	Competent

तद्भव उपसर्गों के योग से निर्मित शब्द

अन	अन + बन	अनबन	Enemity
अध	अध + पका	अधपका	Half-ripe
नि	नि + कम्मा	निकम्मा	idle

विदेशी उपसर्गों के योग से निर्मित शब्द

ना	ना + पसंद	नापसंद	Dislike
बे	बे + चारा	बेचारा	Helpless
ला	ला + वारिस	लावारिस	Uninperited
बद	बद + नाम	बदनाम	Defamed

प्रत्ययों के योग से निर्मित शब्द

वह शब्दांश जो शब्द के पीछे लगकर नया अर्थ उत्पन्न करता है, प्रत्यय कहलाता है हिन्दी में तत्सम, तद्भव, विदेशी और देशज चार प्रकार के प्रत्ययों का प्रयोग

पारिभाषिक शब्दों के निर्माण में किया जाता है। इन प्रत्ययों से निर्मित कुछ पारिभाषिक शब्द प्रस्तुत हैं।

तत्सम प्रत्यय	निर्माण प्रक्रिया	शब्द	अंग्रेज़ी पर्याय
अन	पंजी + अन	पंजीयन	Registration
आत्मक	रचना + आत्मक	रचनात्मक	Creative
इक	समाज + इक	सामाजिक	Social
ईय	ईय + क्षेत्र	क्षेत्रीय	Regional
क	मान + क	मानक	Standard
तर	लघु + तर	लघुतर	Smaller

तद्भवों प्रत्ययों से निर्मित शब्द

आई	महंग + आई	महंगाई	Dearness
आहट	आकुल + आहट	अकुलाहट	Anxiety
औती	बाप + औती	वपौती	Ancestral Property

विदेशी प्रत्ययों के योग से निर्मित शब्द

आना	धक्का + आना	धकियाना	Push (to)
खोर	आदम + खोर	आदमखोर	Maneater
इयत	इंसान + इयत	इंसानियत	Humanity
दार	वफा + दार	वफादार	Faithful

देशी प्रत्ययों के योग से निर्मित शब्द

अक्कड़	घूमना + अक्कड़	घुमक्कड़	Wanderer
अक्कड़	पीय + अक्कड़	पियक्कड़	Drunkard

समास पद्धति से शब्द निर्माण

तत्सम + तत्सम

राज्यपाल	Governor
राष्ट्रध्वज	National Flag

तद्भव + तद्भव

आधा छुट्टी	Half-Holyday
जोड़-तोड़	Manipulation
विदेशज + विदेशज	
सरकारी रिपोर्ट	Official report
जबानी सलाह	Oral Consultation
तत्सम + तद्भव	
निर्वाह-भत्ता	Subsistance
निर्बाध रसीद	Clear receipt
तत्सम + विदेशज	
कनिष्ट मशीनमैन	Junior Machineman
अनुसूचित बैंक	Scheduled Bank
तद्भव + तत्सम	
पहचान पत्र	Identity Card
कटौती प्रस्ताव	Cut motion
विदेशज + तत्सम	
सरकारी दीर्घा	Official Gallery
बाजार मूल्य	Market Value
विदेशज + तद्भव	
दस्ती चिट्ठी	Letter by-hand
रेलगाड़ी	Railway Train

नियत पारिभाषिक शब्दावली
व्यवसाय, बैंक तथा प्रशासन सम्बन्धी

(क) व्यवसाय सम्बन्धी शब्दावली

1.	Accessory	सहसाधन
2.	Advance	अग्रिम
3.	Advertisement	विज्ञापन
4.	Agency	अभिकरण
5.	Agent	अभिकर्ता
6.	Agreement	अनुबंध

7.	Annuity	वार्षिक
8.	Assignment	समनुदेशन
9.	Associatemember	सह-सदस्य
10.	Assured	बीमित
11.	Atrandom	यादृच्छिक
12.	Balance of Payments	भुगतान शेष
13.	Bale	गांठ
14.	Balance Sheet	तुलन पत्र
15.	Barter	वस्तु-विनियम
16.	Bearish	मंदी रुख
17.	Book credit	खाता उधार
18.	Boom	तेजी
19.	Borrowed note	जमानती रुक्का
20.	Breakage	टूट-फूट
21.	Bull	तेजी
22.	Call money	शीघ्रावधि द्रव्य
23.	Capital	पूंजी
24.	Cartage	ढुलाई
25.	Cash	रोकड़/नकदी
26.	Catalogue	सूची पत्र
27.	Ceiling	उच्चतम सीमा
28.	Client	ग्राहक
29.	Coding	बीजांकन
30.	Coinage	सिक्का ढलाई
31.	Commerce	वाणिज्य
32.	Confiscation	अधिहरण
33.	Consignment	प्रेषण
34.	Consumer	उपभोक्ता
35.	Contract	संविदा
36.	Corporation	निगम
37.	Cost	लागत
38.	Costoms	सीमा शुल्क
39.	Cut	कटौती
40.	Demand letter	मांग पत्र

41.	Demurrage	विलम्ब शुल्क
42.	Disbursment	संवितरण
43.	Discount	बट्टा
44.	Dividend	लाभांश
45.	Duty	शुल्क
46.	Endorsement	पृष्ठाकंन
47.	Exchange	विनिमय
48.	Export	निर्यात
49.	Fair copy	स्वच्छ प्रति
50.	Follow-up	अनुवर्तन
51.	Fringe-benefits	अनुषंगी लाभ
52.	Goodwill	सुनाम
53.	Grafling	संशोधन
54.	Gross	सकल/कल
55.	Guarantee	प्रत्याभूति
56.	Import	आयात
57.	Indemnity Bond	क्षति पूर्ति वंध पत्र
58.	Indent	इंडेंट
59.	Index number	सूचकांकी माप
60.	Inflation	स्फीति
61.	Input	निर्विष्ट
62.	Insolvency	दिवाला
63.	Instrument	प्रपत्र
64.	Insurance	वीमा
65.	Inventory	मालसूचक, माल
66.	Investment	निवेश
67.	Invoice	वीजक
68.	Issue	निर्गम
69.	Landing charges	उतराई प्रभार
70.	Lay out	विन्यास
71.	Liability	देयता
72.	Licence	अनुज्ञप्ति
73.	Liquidation	परिसमापक
74.	Loading	लदाई/भराई

75.	Mandate	अधिदेश
76.	Margin	लाभसीमा
77.	Marketability	पण्यता
78.	Mortgage	बंधक
79.	Negotiability	परक्राम्यता
80.	Notation	संकेत
81.	Off-take	कुल खरीद/उठाव
82.	Offer	प्रस्ताव/निवेद
83.	Paid-up	चुकता
84.	Proceeds	प्राप्ति
85.	Promissory note	रुक्का
86.	Prospective Buyer	संभोवित ग्राहक
87.	Quality Product	बढ़ियामाल
88.	Quotation	भाव/दर
89.	Rate	दर
90.	Rebate	छूट
91.	Registration	पंजीकरण
92.	Regulation time	नियमन अवधि
93.	Risk	जोखिम
94.	Service charges	सेवा प्रभाव
95.	Surety	प्रतिभू
96.	Transit	पारगमन
97.	Vendor	विक्रेता
98.	Warranty	आश्वस्ति
99.	Whole sale	थोक

बैंकिंग सम्बन्धी शब्दावली

1.	Acceptance Register	सकार रजिस्टर
2.	Account	लेखा/खाता
3.	Accountant	लेखापाल
4.	Actuary	बीमांकक
5.	Adjustment	समंजन
6.	Advice	सूचना

7.	Banking operations	बैंक कार्य
8.	Cash balance	रोकड़ बाकी
9.	Cash certificate	नकदी पत्र
10.	Cash sheet	रोकड़ विवरण
11.	Collection	वसूली/उगाही
12.	Clearing	समाशोधन
13.	Convertable	परिवर्तनीय
14.	Credit Control	द्रव्य नियन्त्रण
15.	Credit slips	जमा-पर्ची
16.	Crossing	रेखन
17.	Currency	मुद्रा
18.	Debtor	देनदार
19.	Depositor	जमाकर्ता
20.	Documents of title	स्वत्व-प्रलेख
21.	Due from banks	बैंकों से देय
22.	Earning	अर्जन
23.	Endorsement	बन्दोबस्ती
24.	Finance	वित्त
25.	Fixed Deposit	सावधिनिवेश
26.	Forefeiture	जब्ती
27.	Hypothecation	बंधक
28.	Issuing banker	प्रचालक बैंकर
29.	Lease	पट्टा
30.	Lending rate	उधार दर
31.	Letter of credit	साख पत्र
32.	Long term credit	दीर्घावधि उधार
33.	Lumpsum	एकमुश्त
34.	Management	प्रबन्ध
35.	Mobilisation	संग्रहण
36.	Monetaryarea	मुद्रा-क्षेत्र
37.	Moratorium	भुगतान स्थगन
38.	No effects	रुपया नहीं
39.	Operating Profit	प्रचालन लाभ
40.	Order not to pay	भुगतान की आज्ञा नहीं

41.	Over certification	अतिप्रमाणन
42.	Out go	खर्च
43.	Out put	उत्पादन
44.	Ownership	स्वामित्व
45.	Partnership	साझा
46.	Pawn	गिरवी
47.	Payee	आदाता/पानेवाला
48.	Payable	देय
49.	Payment	भुगतान
50.	Progressive stock-taking	कृमिक माल जांच
51.	Quality certificate	गुणवत्ता प्रमाण पत्र
52.	Ready money	नकद
53.	Realization	वसूली
54.	Reconciliation of account	लेखा-समाधान
55.	Recovery of dues	देय की वसूली
56.	Recurring	आवर्ती
57.	Rectification	परिशोधन
58.	Redeemable	प्रतिदेय
59.	Redemption	प्रतिदान
60.	Refund	धन-वापसी
61.	Regressive Expenditure	अवरोही खर्च
62.	Release	निर्मोचन
63.	Remittance	प्रेषण
64.	Re-monetization	पुनःमुद्रीकरण
65.	Renewal	नवीकरण
66.	Rental value	लगान मूल्य
67.	Reserve fund	आरक्षित कोष
68.	Resources	संसाधन
69.	Revalidation	पुनर्वैधीकरण
70.	Revenue	राजस्व
71.	Revolving credit	परिक्रमी उधार
72.	Security	प्रतिभूति
73.	Settlement day	निपटान दिवस
74.	Short term credit	अल्पावधि उधार

75.	Shut down cost	प्राथमिक लागत
76.	Sinking fund	निक्षेप निधि
77.	Small saving	अल्प बचत
78.	Solvency	ऋण शोधन क्षमता
79.	Squeeze	अधिकुंचन
80.	Stabilization	स्थिरीकरण
81.	Stagnation	गतिरोध
82.	Surrender value	अभ्यर्पण मूल्य
83.	Suspense account	उचन्त लेखा
84.	Teller	गणक
85.	Third account	तृतीय पक्ष
86.	Transaction	लेन-देन
87.	Transfer	अन्तरण
88.	Treasury	राजकोष
89.	Turnover	पज्यावर्त
90.	Under Taking	उपक्रम
91.	Under valuation	अल्प मूल्यांकन
92.	Validity	वैधता
93.	Variation	विचरण/परिवर्तन
94.	Venture capital	जोखिम पूंजी
95.	Vault	तहखाना
96.	Wildeat money	अस्थिर बैंक की मुद्रा
97.	Winding up	समापन
98.	Withdrawl	आहरण
99.	Working capital	कार्य शील पूंजी
100.	Yield ratio	प्रतिफल अनुपात

प्रशासन सम्बन्धी शब्दावली

1.	Abatement	अवसान
2.	Abceviation	संक्षेपण
3.	Abinitio	आरम्भ से
4.	Abolition	उन्मूलन
5.	Aboveper	अधिमूल्य

6.	Acceptance	स्वीकृति
7.	Accuracy	यथार्थता
8.	Accusation	अभियोग
9.	Acknowledgement	पावती
10.	Acting	कार्यवाहक
11.	Act of commission omission	भूल चूक
12.	Adhoc	तदर्थ
13.	Adjustment	समायोजन
14.	Adjournment	स्थगन
15.	Administration	प्रशासन
16.	Admissibility	स्वीकार्य
17.	Adverse	प्रतिकूल
18.	Advice-note	संज्ञापन पत्र
19.	Affiliation	सम्बन्धन
20.	Aforesaid	पूर्वोक्त
21.	Agenda	कार्य सूची
22.	Allotment	आबंटन
23.	Allowance	भत्ता
24.	Appendix	परिशिष्ट
25.	Appliance	उपकरण
26.	Approval	अनुमोदन
27.	Attestation	साक्ष्यांकन
28.	Ban	प्रतिबन्ध
29.	Bonafides	सद्‌भाव
30.	Bureaucracy	नौकरशाही
31.	Bye-law	उपविधि
32.	Cell	कक्ष
33.	Charge	प्रभार
34.	Circular	परिपत्र
35.	Clerical error	लेखन-अशुद्धि
36.	Code	संहिता
37.	Compensation	क्षतिपूर्ति
38.	Competency	सक्षमता
39.	Compliance	अनुपालन

40.	Confirmation	पुष्टि
41.	Consent	सहमति
42.	Deduction	कटौती
43.	Defacto	वस्तुतः
44.	Dejure	विधितः
45.	Deliberation	विचार-विमर्श
46.	Diagram	आरेख
47.	Dictation	श्रुतलेख
48.	Directorate	निदेशालय
49.	Directory	निदेशिका
50.	Discretion	विवेक
51.	Disposal	निपटान
52.	Dissent	असहमति
53.	Distribution	वितरण
54.	Duplication	अनुलिपि करण
55.	Duration	अवधि
56.	Efficiency bar	दक्षता रोक
57.	Enclosure	अनुलग्नक
58.	Enquiry	पूछताछ
59.	Entry	प्रविष्टि
60.	Equipment	अनुमान
61.	Eratta	शुद्धि पत्र
62.	Estimate	अनुमान
63.	Ex-officio	पदेन
64.	Extract	अनुमान उद्धरण
65.	Facsimile	प्रतिकृति
66.	File	मिसिल
67.	Forwarding letter	अग्रेषण-पत्र
68.	Gazette	राज पत्र
69.	History sheet	इतिवृत्त
70.	Honorarium	मानदेय
71.	I bid (Indiem)	वही
72.	Immigration	आप्रवास
73.	Incharge	प्रभारी

74.	Initials	आद्यक्षर
75.	Interim	अंतरिम
76.	Interval	अन्तराल
77.	Itinerary	यात्रा-कार्यक्रम
78.	Joining report	कार्यारम्भ प्रतिवेदन
79.	Justification	औचित्य
80.	Memorandum	ज्ञापन
81.	Mint	टकसाल
82.	Modusoperandi	कार्यप्रणांली
83.	Notification	अधिसूचना
84.	Personnel	कार्मिक
85.	Postponement	मुल्तवी
86.	Priority	प्राथमिकता
87.	Privilege	विशेषाधिकार
88.	Proceedings	कार्यवाही
89.	Recommendation	संस्तुति
90.	Record	अभिलेख
91.	Reservation	आरक्षण
92.	Returning officer	निर्वाचन अधिकारी
93.	Secretary	सचिव
94.	Seniority	वरिष्ठता
95.	Stationery	लेखन सामग्री
96.	Verification	सत्यापन
97.	Workshop	कार्यशाला/कार्य गोष्ठी
98.	Working capital	कार्यशील पूंजी

●●●